Die "Husumer",
Heimatzeitung der Nordfriesen

...

Günter Spurgat

Die "Husumer", Heimatzeitung der Nordfriesen

Geschichten über ihre Macher, Zusteller und Leser

Die Deutsche Nationalbib[liothek verz]eichnet diese Publikation
in der Deutschen National[bibliografie;] detaillierte bibliografische
Daten sind im Inter[net über] [ht]tb.dnb.de abrufbar.

© 2023 Günter Spurgat

Herstellung und Verlag:
BoD – Books on Demand, Norderstedt

ISBN:

978-3-739223-21-6

Printed in Germany

Inhalt

Vorwort 7

Die ersten Zeitungen in Deutschland 9
Die "Husumer Nachrichten" und früher
    in Husum erschienene Zeitungen 11
Die Herausforderung 23
Einblick in die Redaktion 26
Zeitungsproduktion und Vertriebslogistik 33
Ein Dorf, seine Zusteller und Leser 39
    Die ZustellerInnen 41
    Die LeserInnen 54
    Lesegewohnheiten 59
Andere Dörfer und Regionen 66
    Eine Zustellerin aus Drelsdorf 70
Zeitungen und Post für die Halligbewohner 76
Die Halligpostschiffer 81
Die ZustellerInnen und LeserInnen
    auf den Halligen 90
Wie lange noch? 103
Dank 106
Bildnachweis 107
Benutzte Literatur 108

...

Vorwort

Anfang der 1960er Jahre besuchte ich die Volksschule im nordfriesischen Geestdorf Ostenfeld und saß zusammen mit meinen Mitschülern in einer Klasse, die das 5. - 7. Schuljahr umfasste. Unser zeitweiliger Klassenlehrer war Henrich Hansen (1895 – 1976), der kurz vor seiner Pensionierung stand. Er war in jeder Hinsicht ein ungewöhnlicher Lehrer mit vielen Begabungen. Wir Schüler mochten ihn, weil er uns oft wundervolle Geschichten aus seinem bewegten Leben erzählte. Er war in der Welt viel herumgekommen, hatte Europa und Afrika bereist und zwei Weltkriege erlebt. Ursprünglich war er Zeichenlehrer und selbständiger Kunstmaler. Es zog ihn jedoch zum Jounalismus. Er hatte für verschiedene Zeitungen gearbeitet, in jungen Jahren Romane geschrieben und veröffentlicht. Nach dem Krieg fand er als Deutsch- und Zeichenlehrer eine Anstellung an unserer Schule.

Häufig ließ er in den Pausen von Schülerinnen, die eine schöne Handschrift besaßen, Gedichte an die Wandtafel schreiben, die er dann mit bunten Blumen und rankenden Blättern mit Kreidestiften malerisch umrahmte. Während er uns Schülern aufgab, Tafelbild und Gedicht sorgfältig in unsere Zeichenhefte zu übertragen, widmete er sich hinterm Pult sitzend entspannt privaten Dingen. Fast täglich schickte er einen Schüler oder eine Schülerin während seiner Unterrichtsstunde ins Dorf, um beim Postamt Briefe abholen zu lassen und beim Kaufmann Obst für ihn zu kaufen. Dann las er seine Post und naschte nebenbei verschiedene Früchte, am liebsten Weintrauben, die wir ihm artig und ohne Murren brachten. Niemand in der Lehrerschaft schien sein Gebahren zu missbilligen.

7

An manchen Tagen klopfte es während seines Unterrichts an der Tür. Jedes Mal war es der Postbote. Er händigte unserem Klassenlehrer Bargeld aus – Honorare, die ihm für seine Artikel in den *Husumer Nachrichten* ausgezahlt wurden. Woher wir das wussten? Ich nehme an, unser Lehrer selbst oder der Postbote erwähnten es. Ich wunderte mich über den regelmäßigen Husumer Geldfluss direkt in unser Klassenzimmer. Dadurch kam die Zeitung erstmals in mein Bewusstsein.

Einige Jahre später erschien ein Bild von mir in der *Husumer;* es zeigte mich als Teilnehmer eines Schülerwettbewerbs. Zum ersten Mal schlug ich die Zeitung auf, um den Artikel mit dem Foto zu lesen. Das war kein erhebender Moment, denn der Verfasser der Zeilen hatte mich wegen meiner langen Haare irrtümlich als Mädchen bezeichnet. Etwa zehn Jahre später studierte ich in Kiel Medienpädagogik und bat den Chefredakteur der Zeitung, in seiner Redaktion ein Praktikum machen zu dürfen. Er gewährte es mir und gab mir dadurch Einblicke in den Redaktionsalltag. Seither fühle ich mich der *Husumer* verbunden und verfolge ihre Entwicklung mit Interesse.

Seit fast 150 Jahren sind die *Husumer Nachrichten* für viele Nordfriesen eine wichtige Informationsquelle, die täglich über Ereignisse in der Region berichtet. Die Zeitung selbst und die hinter ihr stehenden Menschen, ihre Zusteller und Abonnenten waren jedoch noch nie Gegenstand einer ausführlichen Betrachtung. Das veranlasste mich, dieses kleine Buch über die *Husumer* zu schreiben und darin besonders ihre Akteure und Leser in den Blick zu nehmen.

Günter Spurgat

Die ersten Zeitungen in Deutschland

D er Begriff *Zeitung* soll im 14. Jahrhundert im Kölner Raum entstanden sein. Als *zidunge* wurden handschriftliche Nachrichten oder Botschaften bezeichnet, die Angelegenheiten des Handels betrafen. Später kamen Berichte über Neuigkeiten allgemeiner Art hinzu.

Nach Erfindung des Buchdrucks Mitte des 15. Jahrhunderts wurden diese Mitteilungen auch zunehmend auf einzelnen Papierblättern in gedruckter Form verbreitet. Erste regelmäßige Tageszeitungen kamen erst Mitte des 17. Jahrhunderts auf. In Leipzig erschien 1650 unter dem Titel *Einkommende Zeitungen* ein Blatt mit sechs Ausgaben pro Woche, das als älteste Tageszeitung der Welt gilt.

Wochenzeitungen gab es schon einige Jahrzehnte vorher. Im 18. Jahrhundert erlebten sie einen regelrechten Boom, hingegen waren Tageszeitungen noch nicht allzu verbreitet. Der weitaus größte Teil der Bevölkerung konnte weder schreiben noch lesen, und hätte sich zudem kaum eine Zeitung leisten können, denn viele lebten damals in Armut.

Zunehmende Bildung, die Industrielle Revolution und damit einhergehend die Zunahme der städtischen Bevölkerung sowie Verbesserungen der allgemeinen Informations- und Pressefreiheit förderten die Entwicklung der Tagespresse. 1750 konnten erst knapp zehn Prozent der deutschen Bevölkerung lesen, 1871 waren es bereits 88 Prozent. Der potentielle Leserkreis hatte sich also in kurzer Zeit enorm vergrößert.

Bis Ende des 18. Jahrhunderts erschienen in Deutschland kaum mehr als zweihundert Tageszeitungen mit jeweils kleinen Auflagen. Ende des 19. Jahrhunderts war ihre Zahl auf etwa 3.500 gestiegen. Technische Neuerungen wie Schnellpresse, Rotations- und Setzmaschine ermöglichten die massenhafte Zeitungsproduktion. Große Auflagen und erhebliche Einnahmen aus Anzeigenverkäufen erlaubten es den Verlegern, ihre Zeitungen billig anzubieten. Für wenig Geld konnte nun jeder ein Exemplar erstehen, sich über das Geschehen in der Welt informieren und sich mit allerlei Geschichten unterhalten lassen. Die Erfindung von Radio und Fernsehen lag noch in weiter Zukunft.

Die "Husumer Nachrichten" und früher in Husum erschienene Zeitungen

A uch in der kleinen nordfriesischen Hafenstadt Husum wurde im Jahr 1813 eine Zeitung gegründet. Sie trug den Titel *Königlich privilegirtes Husumer Wochenblatt,* später *Gemeinnütziges Wochenblatt für Husum und die umliegende Gegend.* Sie besaß ein knapp briefbogengroßes Format, wurde zunächst nur in geringer Auflagenhöhe einmal wöchentlich gedruckt und umfasste nur wenige Seiten. Zielgruppe des Blattes war die gebildete Bürgerschicht, die nur einen kleinen Teil der Stadtbevölkerung ausmachte. Husum hatte zu der Zeit etwa 3.500 Einwohner (ohne die später eingemeindeten Dörfer Rödemis und Nord- und Osterhusum). Die Stadt gehörte damals zum Herzogtum Schleswig, das wiederum in den dänischen Gesamtstaat integriert war. Daher gebot es sich für die Zeitung, sich der politischen Macht gegenüber loyal zu verhalten, anderenfalls wäre sie verboten worden. Ihr Inhalt bestand überwiegend aus Bekanntmachungen, Anzeigen und unterhaltsamen Elementen, etwa kleinen Geschichten und Gedichten. Politisches blieb weitgehend außen vor.

Dass die *Wochenblatt*-Auflage in den ersten Jahrzehnten ihres Erscheinens sehr bescheiden blieb, hing nicht zuletzt mit beschränkten Vertriebsmöglichkeiten im Umland zusammen. Es gab hier noch keine Bahnverbindungen, und die Straßen im Herzogtum Schleswig waren äußerst unzulänglich; sie bestanden überwiegend aus Sand- und Schotterwegen, die bei Regen kaum passierbar waren. Mitte des 19. Jahrhunderts erschienen in fast allen Städten der Herzogtümer Schleswig und Holstein Zeitungen. Viel gelesene und meinungsbildende Blätter waren damals die *Schleswig-Holsteinische Zeitung* aus Rendsburg und das *Itzehoer Wochenblatt*. Sie wurden sicherlich auch in Husum und im Umland bezogen, da sie umfangreicher und aktueller waren, und zudem mehr Unterhaltung boten. Sie gelangten mit Postwagen und Fuhrwerken zu ihren Abonnenten.

Ein Reisender, der damals mit einem Fuhrunternehmer von der Schleswiger Ostküste nach Husum unterwegs war, berichtet anschaulich, wie er damals diese Reise erlebte: *)

Auf den Landkarten sind diese Nebenwege freilich als Poststraßen bezeichnet, in der Wirklichkeit aber gleichen sie breiten, ausgefahrenen Sandbetten, die weder festen Grund noch bestimmte Begrenzung haben. Auf einem dieser Urweltpfade ließ ich mich eines hellen Sommertages im Jahre 1849 von drei lahmen Rosinanten westwärts ziehen in einem Fuhrwerke, das weit mehr Aehnlichkeit mit einem baufällig gewordenen Frachtwagen als mit einer Kutsche hatte.

Drei Anwohnerinnen der Westküste [...] waren meine Begleiter. Den noch übrigen Raum unseres Gefährs nahmen Kisten, Schachteln, Butter- und Brannteweinfässer, und verschiedene Säcke getrocknetes Seegras ein [...].

---

*) *Ernst Willkomm: Aus deutschen Gauen in Süd und Nord. Volks- und Sittenschilderungen. Gotha 1863, Seite 132 ff.*

Unser Ziel war die alte Stadt Husum. Mich zog weniger die Stadt als das Meer nach diesem südlichsten Punkte des alten Friesenlandes, wohin sich damals noch selten der Fuß eines Reisenden verirrte.

Da unser Fuhrmann viele Chargen in sich vereinigte, indem er Spediteur, Personenbeförderer, Post-, Brief- und Zeitungsbote war, so bewegten wir uns in dem fußtiefen Sande nur sehr langsam fort. Jeder Krug, jeder seitwärts liegende Hof, jeder kleinste Ort war ein Ruhepunkt. Hier wurden Briefe, da Zeitungen und Wochenblätter abgegeben, und mit Willfährigkeit neue Bestellungen aufgenommen.

Nachdem der Wagen die Dörfer Treia und Schwesing passiert hatte, wurde die Silhouette von Husum am Horizont sichtbar.

Husum ... versteckt sich hinter einem grünen Baumwall, der es recht freundlich umschattet. Wie fast alle Städte Schleswigs ist auch Husum weitläufig und für den Verkehr höchst unbequem gebaut.

[...] Von allen Städten Schleswigs, die ich sah, macht diese Hafenstadt an der Hever-Aue den Eindruck der ältesten im ganzen Lande. Nirgends sah ich so viele wunderlich gegiebelte und verwitterte Häuser [...] Auf allen Schornsteinen nistet der Storch, der sich hier ganz besonders wohl zu befinden scheint.

Während der *Schleswig-Holsteinischen Erhebung,* die von 1848 bis 1851 dauerte, und bei der Dänemark als Sieger hervorging, erschien das *Wochenblatt* nicht. Ab 1855 trat es wieder in Erscheinung, nun sogar zweimal wöchentlich.

13

Nach dem *Deutsch-Dänischen Krieg* von 1864, der diesmal Dänemark als Verlierer sah, änderten sich die politischen Verhältnisse in Schleswig-Holstein grundlegend. 1867 wurde das Land preußische Provinz und 1871 Teil des deutschen Kaiserreichs.

Bald danach, am 04. Januar 1873, brachten zwei junge Buchdrucker, der 20jährige Christian Jessen und der 28jährige Jacob Christian Petersen, die erste Ausgabe der von ihnen gegründeten *Husumer Nachrichten* heraus. Die neue Zeitung hatte gegen das etablierte Blatt, das sich seit 1816 nur noch *Husumer Wochenblatt* nannte, einen schweren Stand. Inzwischen hatte sich die Bevölkerung der Stadt mit 6.500 Einwohnern nahezu verdoppelt, und wesentlich mehr Menschen vermochten nun zu lesen und zu schreiben. Der allgemeine Wohlstand stieg wie auch die Zahl der Lese-Interessenten, die Lesestoff in Form von Neuigkeiten und unterhaltsamen aktuellen Geschichten schätzten. Dieses Interesse ebnete den Boden für zahlreiche Gründungen von Zeitungen und Zeitschriften in ganz Deutschland.

In Husum gesellte sich zu den beiden vornehmlich politisch ausgerichteten Zeitungen 1881 noch ein weiteres Blatt, das in erster Linie unterhaltenden Charakter besaß – die *Glocke von Husum.* In jenem Jahr sah die Husumer Zeitungslandschaft folgendermaßen aus *):

---

*) Die Presseverhältnisse im Königreich Preussen. Würzburg 1881, Seite 880; Hubbard's Newspaper and Bank Directory of the World. New Haven/Connecticut, USA 1882

Titel	Auflage	Erscheinungsweise
Husumer Wochenblatt	1.850 Exemplare	3 x wöchentlich
Husumer Nachrichten	1.000 Exemplare	3 x wöchentlich
		Die, Do, Sa
Glocke von Husum	600 Exemplare	2 x wöchentlich

Die *Husumer Nachrichten* und das *Husumer Wochenblatt* standen in direkter Konkurrenz zueinander und warben um neue Leser, um ihre Auflagen zu steigern.

Ansichtskarte der Titelseite vom *Wochenblatt,* 11. Juni 1903. Das einmontierte Foto zeigt das Haus in der Hohlen Gasse, Ecke Wasserreihe, in dem Redaktion und Druckerei damals ihren Sitz hatten.

Die Quartalspreise für Abonnements waren bei beiden Zeitungen identisch; sie betrugen 1,50 Mark. Druck, Verlag und Redaktion beider Häuser lagen nicht weit voneinader entfernt. Das *Wochenblatt* war in einem Geschäftshaus in der Hohlen Gasse/Ecke Wasserreihe und die *Husumer* im Haus Neustadt 11, später von 1884 bis 1887 in der Großstraße 13 untergebracht.

Dieses Haus in der Großstraße 13 war Mitte der 1880er Jahre Domizil der *Husumer Nachrichten*. Aquarell von Julius Grelstorff

1892 übernahm der aus Kappeln stammende Buchhändler Friedrich Petersen die *Husumer Nachrichten* und vermochte schon bald deren Auflage zu steigern. Zwanzig Jahre später schuf er in der Großstraße 9 eine moderne Druckerei und gab der Zeitung gleichzeitig einen neuen Standort. 1905 markiert für beide Zeitungen ein besonderes Datum, denn in dem Jahr wurden erstmals Setzmaschinen angeschafft, die den Herstellungsprozess wesentlich erleichterten und beschleunigten.

Ende des 19. Jhs. kamen Setzmaschinen auf, die den Herstellungsprozess einer Zeitung wesentlich beschleunigten.

Im Jahr 1906 – Husums Einwohnerzahl betrug inzwischen etwa 8.000 – konnte die *Husumer* bereits eine Auflage von 2.600 Exemplaren aufweisen; ihr Abonnement kostete immer noch 1,50 Mark pro Quartal. *) Ab 1911 erschienen die *Husumer* und das *Wochenblatt* täglich außer am Montag, später wählten beide den Sonntag als zeitungsfreien Tag.

---

*) Sperlings Zeitschriften- und Zeitungsadressbuch, Stuttgart 1906

Der Erste Weltkrieg brachte allen Zeitungen in Deutschland Einbußen, Leserverluste und weitreichende Zensurauflagen. 1922, ein Jahr mit kriegsbedingter Hyperinflation, kaufte der Kieler Zeitungsverleger Ludwig Kiefer nach dem Tod von Friedrich Petersen dessen Betrieb und steigerte die Auflage der *Husumer Nachrichten* bis 1926 auf 7.000. Ein Jahr später kaufte der Verleger auch das *Wochenblatt* und stellte anschließend dessen Erscheinen ein. Dadurch endete die über hundertjährige Geschichte dieser Zeitung.

Von 1909 an gehörte der Heimatforscher und Dichter Felix Schmeißer (1882 – 1953) zur Schriftleitung der *Husumer.* Mehrere Jahrzehnte arbeitete er für sie und trug mit seinen fundierten Reportagen und Berichten wesentlich zum Profil des Blattes bei.

In Nordfriesland gab es seinerzeit mehrere Tageszeitungen, die in Friedrichstadt, Bredstedt, in Wyk auf Föhr, Tönning und Garding herausgebracht wurden. Im Zweiten Weltkrieg mussten auf Geheiß des Nazi-Regimes aus "kriegswirtschaftlichen Gründen" mehrere Zeitungen ihr Erscheinen einstellen. Dazu gehörten: Das *Eiderstedter Wochenblatt* (Tönning), *Friesen-Courier* (Bredstedt), *Föhrer Lokal-Anzeiger* und die *Friedrichstädter Zeitung,* ein Blatt, das 1799 erstmals erschienen war und als älteste Zeitung Nordfrieslands gilt. Die *Husumer* als größte Tageszeitung der Region durfte weiterhin vertrieben werden, allerdings in der Berichterstattung nach den Vorgaben des Propagandaministeriums "gleichgeschaltet".

Nach dem Krieg durfte die *Husumer* mehrere Jahre nicht erscheinen, da der Verleger von den britschen Besatzern keine Lizenz für seine Zeitung erhielt. Erst nachdem der Lizenzzwang am 1. Oktober 1949 aufgehoben wurde, konnte sie wieder gedruckt und vertrieben werden.

In den 50er Jahren: Abholung der frisch gedruckten Zeitungen in der Husumer Druckerei.

Der Verleger vom *Flensburger Tageblatt* hatte bereits im April 1946 eine Lizenz für sein Blatt erhalten und konnte die Zeit nutzen, um mit seinen Zeitungen eine starke Position im gesamten Landesteil Schleswig aufzubauen. In den folgenden beiden Jahrzehnten standen sich das verbliebene Husumer und das Flensburger Zeitungshaus als Wettbewerber um Marktanteile in Nordfriesland gegenüber. Die *Husumer* sicherte sich eine wichtige Kooperation mit der *Sylter Rundschau*. Der Flensburger

Verleger seinerseits etablierte 1949 mit der *Husumer Tageszeitung,* einem Kopfblatt des *Flensburger Tageblatt,* einen Gegenspieler zum Platzhirschen.

Redaktion und Anzeigenannahme der konkurrierenden
***Husumer Tageszeitung* befanden sich in den 50er Jahren an der**
Schiffbrücke, später erfolgte deren Umzug in die Krämerstraße 2.

Die Neugründung wurde 1970 eingestellt, als die *Husumer Nachrichten* in jenem Jahr von dessen Verleger – für alle Betroffenen völlig überraschend – an den Flensburger Zeitungsverlag verkauft wurde.

Unter Leitung des Journalisten Helmut Sethe behielt die *Husumer* jedoch ihre redaktionelle Eigenständigkeit. Ihm verdankte die Zeitung ein unabhängiges liberales Profil. Sethe, 1929 in Duisburg geboren, war ein Neffe von Paul Sethe (1901 – 1967) , des Mitbegründers und Mitherausgebers der *Frankfurter Allgemeinen Zeitung*, der zu den führenden Journalisten der Nachkriegsjahre zählte. Helmut Sethe kam 1958 zu den *Husumer Nachrichten*, wurde 1962 deren Chefredakteur und blieb es bis zu seinem frühen Tod 1983.

Von 1902 bis 1973 war dieses Gebäude in der Großstraße 9 die Adresse der *Husumer Nachrichten*.

Drei Jahre später wurde die Chefredaktion der *Husumer* aufgelöst, und die Zeitung erschien nur noch als Kopfblatt der Flensburger Mutterausgabe. Deren Hauptredaktion lieferte von nun an die Mantelseiten, der Husumer Redaktion verblieben nur noch die Lokalseiten.

Anfang der 70er stand die *Husumer* nach der Übernahme durch den Flensburger Verlag wirtschaftlich gut da. Das

Blatt erlöste gute Umsätze aus dem Anzeigengeschäft und war mit einer Auflage von 19.000 Exemplaren die größte Tageszeitung Nordfrieslands. 1972 kam jedoch eine Herausforderung auf sie zu, die ihre Existenz bedrohte.

Neben vielen anderen prominenten Gästen empfing Helmut Sethe (Mitte) auch den schleswig-holsteinischen Ministerpräsidenten Gerhard Stoltenberg (links) in der Husumer Redaktion.

Die Herausforderung

Der Heinrich Bauer Verlag, ein in Hamburg ansässiges Medienimperium mit umfangreichem Zeitschriften-Sortiment, war 1970 in den Zeitungsmarkt eingestiegen und hatte die in Itzehoe erscheinende *Norddeutsche Rundschau* und bald darauf noch weitere schleswig-holsteinische Zeitungen erworben.

Der Bauer Verlag plante, einen Zeitungskonzern aufzubauen und unterbreitete daher dem Flensburger Zeitungsverlag ein lukratives Übernahmeangebot – einen Kopfpreis für jeden der etwa 90.000 Abonnenten in Höhe von 350 Mark und mehrere Millionen für Gebäude und Anlagen. Doch das hofierte Unternehmen lehnte ab. Nun entschied sich der Hamburger Verlag, die *Husumer Nachrichten,* die jüngste Erwerbung der Flensburger Verleger, durch eine neue, eigene Schöpfung zu verdrängen. Für sein Vorhaben wählte er das Thordsen Hotel als Husumer Operationsbasis und brachte Mitte Januar 1972 sein neues Blatt, die *Nordfriesische Rundschau,* mit großem Getöse als Mittagsausgabe auf den Markt. Eine gleichnamige Zeitung war von 1883 bis 1937 bereits in Niebüll erschienen.

Der berühmte Artist und Kletterkünstler Armin Dahl flog mit Hubschrauber ein und ließ sich über Husum abseilen, während zwei Dutzend rot gekleidete Hostessen fünftausend Blumensträuße an das Publikum verteilten. Die neue Zeitung, die sich im Untertitel als »unabhängig, heimatverbunden, weltoffen, überparteilich" bezeichnete, startete mit einer Auflage von 20.000 Exemplaren. Eine andere Quelle gibt 25.000 an.

Fast alle nordfriesischen Haushalte erhielten die ersten Ausgaben kostenlos. Die Blattmacher des Bauer Verlages glaubten, mit ihrer groß angelegten Offensive ausreichend neue Abonnenten und Wechsler gewinnen zu können. Sie hatten jedoch die eher konservativen Nordfriesen falsch eingeschätzt. Die überwiegende Mehrzahl von ihnen wollte keine andere Zeitung als die, die sie seit langem kannte.

Die Mitarbeiter der *Husumer* und des Flensburger Verlages konnten aber nicht von der Treue ihrer Leser ausgehen und waren alarmiert. Es drohten Verluste an Abonnenten und Anzeigen. Daher waren Aktualität, Qualität und ansprechende Aufmachung in der Berichterstattung das Gebot der Stunde, ebenso die Zufriedenheit der Leser und Anzeigenkunden, deren Wünsche nun verstärkt berücksichtigt wurden. Der Wettbewerb zwischen den beiden Zeitungen belebte und forderte die Redaktion der *Husumer* und trug sicherlich auch zu mehr Meinungsvielfalt bei. Letzten Endes ging er zugunsten der *Husumer Nachrichten* aus.

Mitte August 1972 – knapp sieben Monate nach dem Start der *Nordfriesischen Rundschau* – begrub der Bauer Verlag sein Projekt. Die Auflage betrug nur noch 5.000 Exemplare, und lediglich rund 2.500 Abonnenten konnten gewonnen werden. Das gescheiterte Unternehmen kostete den Hamburger Verleger 1,5 Millionen Mark.

Die *Husumer* konnte ihre Position dank ihrer treuen Leserschaft zwar behaupten, doch die nächste Herausforderung kam bereits ein Jahr später. In Deutschland erschienen immer mehr Anzeigenblätter, die kostenlos an die Haushalte verteilt wurden und den Zeitungen Anzeigenkunden abwarben. Neben den Abonnementgebühren sind die Erlöse aus Anzeigen eine wesentliche Einnahmequelle für die Tageszeitungen, die ihnen die neue Konkurrenz zunehmend streitig machte. Der Journalist Georg Graf von Baudissin (1943 – 2012), einstiger Mitarbeiter beim Heinrich Bauer Verlag, brachte 1973 ein solches Anzeigenblatt, die *Husumer Palette* (später in *Nordfriesland Palette* umbenannt), im Eigenverlag heraus, die sich – journalistisch gut gemacht – erfolgreich entwickelte und bis heute auf dem hiesigen Zeitungsmarkt behauptet. Ein weiteres Anzeigen- und Wochenblatt, *Die Wochenschau Nordfriesland,* ist in den 1990er Jahren dazugekommen. Sie erscheint wie die *Husumer Nachrichten* im sh:z Verlag und bietet wie auch die *Palette* Inserenten eine deutlich größere Verbreitung als die Tageszeitung.

Einblick in die Redaktionsarbeit

I m Herbst 1977, fünf Jahre nach der erfolgreichen Behauptung der *Husumer* gegen die Offensive des Bauer Verlags, studierte ich im Rahmen eines Pädagogik-Studiums das Fach Medienpädagogik und sprach bei der *Husumer* vor. Ich bat Helmut Sethe, den Chefredakteur, um ein mehrwöchiges Praktikum in seiner Redaktion, da ich deren Arbeit kennenlernen wollte. Von dem Praktikum versprach ich mir wertvolle Einblicke, die mir in meinem späteren Berufsleben nützlich sein konnten.

Helmut Sethe war 21 Jahre lang Chefredakteur der *Husumer.*

Seit 1973 sind die *Husumer Nachrichten* in diesem Haus, Markt 23, und in einem dahinterliegenden Bürogebäude ansässig.

Obwohl die Redaktion bereits mit drei Volontären, zwei jungen Frauen und einem jungen Mann, belegt war, stimmte er meiner Bitte zu. Bei dem Vorstellungsgespräch waren noch weitere Redakteure anwesend, die meinem Vorhaben eher ablehnend gegenüberstanden, weil sie fürchteten, ich könnte sie bei ihrer Arbeit stören.

Die Zeitung war 1973 von der Großstraße zum Markt 23 umgezogen. In dem historischen Haus an der Straße war die Anzeigenabteilung untergebracht. Die Redaktion belegte die erste Etage in einem dahinterliegenden Neubau. Es gab mehrere einzelne Büroräume mit stets offenen Türen. Jedes Ressort bzw. jede Seite besaß ein Büro, das in der Regel mit zwei Mitarbeitern besetzt war. Nur die

Sekretärin, der Chefredakteur und der Chef vom Dienst hatten Räume für sich allein.

An den verschiedenen Schreibtischen entstanden die Seiten für Politik, für Husum, dessen Umland und die Nordfriesland-Seite. Die Meldungen und Artikel wurden noch auf mechanischen Schreibmaschinen geschrieben. In dem für das Stadtgeschehen zuständigen Redaktionsbüro saß auch Walther Nehm (1914 – 1988), der langjährige Fotograf, der dort siebzehn Jahre als freiberuflicher Fotograf für die *Husumer* arbeitete und sich bereithielt, wenn sein Einsatz erforderlich wurde.

Während seiner langen Mitarbeit als freier Fotograf lieferte Walther Nehm tausende Bilder für die aktuelle Berichterstattung der Zeitung. Zahlreiche Aufnahmen in diesem Buch stammen von ihm.

Ein Radio mit erweitertem UKW-Empfang, das auf dem Fensterbrett postiert war, übertrug den Sprechfunk von Polizei und Feuerwehr. Geräte, die das Mithören solcher

Funksprüche ermöglichten, waren zwar verboten, aber für die lokale Pressearbeit offenbar unverzichtbar. Telefonate, Gespräche, das Geklapper der Schreibmaschinen und das Tickern von Fernschreibern bildeten die tägliche Geräuschkulisse in der Redaktion und mischten sich mit den durch Büros und Flur wabernden Schwaden von Zigarettenrauch. Am Vormittag ging es in der Redaktion oft noch ruhig und entspannt zu. Aber zu Beginn des Nachmittags kam der Betrieb auf Touren, denn am Ende des Tages mussten die Seiten gefüllt sein. Eingegangene Artikel und Meldungen wurden gelesen und eigene verfasst, Fotos gesichtet und entschieden, was davon für die nächste Ausgabe verwendet werden sollte. Wenn aus allem schließlich komplette Seiten zusammengefügt waren, wich die Anspannung in den Redaktionsstuben spürbar, denn das Tagwerk war vollbracht.

Die Seitenentwürfe mit Texten, Bildern und Überschriften wurden anschließend in der Druckerei in der Nordbahnhofstraße zu Druckvorlagen verarbeitet. Bis 1970 wurde die Zeitung noch komplett in Husum hergestellt.

Danach entstand hier nur noch eine Vorstufe: Die Seiten wurden in Blei gesetzt und Probeabzüge gemacht. Täglich mussten abends die Volontäre zur Druckerei fahren, die Seiten lesen und Fehler korrigieren. Mit ihrer Unterschrift galten die Seiten als genehmigt, und entsprechende Matrizen – hitzebeständige Papptafeln mit eingeprägten Texten und Bildern – wurden danach angefertigt. Anschließend brachte sie ein Taxifahrer zum Zeitungsverlag nach Flensburg. Die Matrizen dienten der dortigen Druckerei als Vorlage für die Herstellung der Zeitung.

Auf diesen Maschinen in der Husumer Druckerei wurde früher die Zeitung hergestellt, bevor ihre Produktion nach Flensburg, dann nach Büdelsdorf verlegt wurde.

In der Redaktion der *Husumer* durfte ich mich auch praktisch beteiligen. Niemand wollte mich als bloßen Zuschauer um sich haben, und so gab man mir kleine Aufgaben, etwa Meldungen kürzen, Sachverhalte recherchieren, ein Buch besprechen oder ellenlange Pressetexte von Ministerien auf Kurzform bringen.

Wenn ich dann am nächsten Tag eine von mir verfasste Meldung oder gar eine selbst formulierte Überschrift in der Zeitung lesen konnte, fand ich das großartig. Als ich einem Redakteur meine Begeisterung mittteilte, meinte er nur "das gibt sich".

Es liegt auf der Hand, dass Firmen, auf deren Werbeanzeigen die Zeitung angewiesen ist, auch im redaktionellen

Teil Berichte über ihre Unternehmen wünschen – möglichst positiv und unkritisch. Die vielzitierte Unabhändigkeit der Redaktion zu wahren, erweist sich im Alltag oft als schwierig. Insbesondere die Husumer Stadtredaktion schien solchen Beeinflussungsversuchen immer wieder ausgesetzt, das erfuhr ich aus Gesprächen, die der zuständige Redakteur offen mit seinem Chef führte. Je kleiner eine Zeitung, desto abhängiger ist sie in der Regel von ihren Anzeigenkunden, vor allem von den großen.

Die Lokalberichterstattung wurde nicht nur durch die Husumer Redaktion, sondern durch zusätzliche Außenredaktionen in Bredstedt und Tönning sowie durch zahlreiche freie Mitarbeiter gewährleistet, die auf Eiderstedt, Nordstrand und im übrigen südlichen Nordfriesland im Einsatz waren. Ihre Berichte gelangten auf verschiedenen Wegen in die Redaktion, überwiegend jedoch durch persönliche Ablieferung. Die von ihnen auf Schwarz-Weiß-Film aufgenommenen Bilder wurden im hauseigenen Labor entwickelt. Faxgeräte, Digitalkameras und Internet waren noch nicht erfunden. Als diese Erfindungen wenige Jahre später überall Einzug hielten, lösten sie nicht nur in den Zeitungsredaktionen eine technische Revolution aus.

Die *Husumer* unter Leitung ihres Chefredakteurs Helmut Sethe ordnete sich politisch liberal ein, dagegen hat das Flensburger Verlagshaus, dem die Zeitung seit 1970 angehört, eher eine konservative Ausrichtung. Als 1986 die Eigenständigkeit der *Husumer* endete, ging mit ihr ein weiterer Teil der Meinungsvielfalt in der schleswigholsteinischen Presselandschaft verloren. Die *Husumer* wurde nun mit der Ummantelung durch das Flensburger

Mutterblatt, ebenfalls konservativ, da dessen Politikseiten und Kommentare den Tenor bestimmten.

Zuvor waren bereits zahlreiche unabhängige Lokalzeitungen im Land von Großverlagen gekauft worden und erschienen seither nur noch als Kopfblätter. Die Politikseiten entstanden nicht mehr vor Ort in den Heimatzeitungen, sondern in den Flensburger, Kieler, Lübecker und Itzehoer Zentralredaktionen.

Der aus dem Flensburger Zeitungsverlag hervorgegangene Schleswig-Holsteinische Zeitungsverlag (s:hz), der seit 2016 zum Osnabrücker Medienkonzern NOZ/m:hn gehört, bringt aktuell 22 verschiedene eigene Tageszeitungen heraus. Mutterblatt ist das *Flensburger Tageblatt*. Es liefert seinen Tochterblättern den *Mantel* – alle Seiten außer den jeweils unterschiedlichen Lokal- und Anzeigenseiten. Nur noch als *Kopfblätter* erscheinen in Nordfriesland: *Der Insel-Bote* (Lokalredaktion in Wyk auf Föhr), *Nordfriesland Tageblatt* (Niebüll), *Sylter Rundschau* (Westerland) und die *Husumer Nachrichten.*

Zeitungsproduktion und Vertriebslogistik

Eine umwälzende technische Neuerung katapultierte unsere bis dato auf analogen Daten basierende Welt ins Digitalzeitalter, in dem nahezu alle Lebensbereiche von der neuen Informationstechnologie bestimmt werden. Ohne sie würde kaum noch etwas funktionieren. Sie hat auch den Zeitungsbetrieb grundlegend verändert. In den Redaktionen werden nur noch über Computer und Bildschirm Texte und Fotos bearbeitet und die Seiten gestaltet. Agenturmeldungen und Bilder gelangen jetzt über digitale Leitungen in die Redaktion. Sie kann jederzeit auf Bild- und Datenbanken zugreifen. Auch Berichte, Reportagen und Fotos von Mitarbeitern werden sekundenschnell durch den Äther geschickt. Auch die Leser haben auf ihren heimischen Computern längst ähnliche Möglichkeiten. Dadurch schmilzt der Informationsvorsprung, den die Zeitungsredaktionen ihnen gegenüber einst besaßen. Doch nach wie vor schätzen die Abonnenten von Heimatzeitungen die aktuellen Meldungen, Sportberichte und Anzeigen aus dem lokalen Umfeld, die sie in anderen Medien nicht oder nur selten finden.

Sinkende Werbeeinnahmen und Auflagenverluste zwingen die Verlage zu Einsparungen, die sie durch den Zusammenschluss mit anderen Verlagen, durch Einstellung einzelner Titel und die Einrichtung von Zentralredaktionen zu realisieren hoffen.

Nach einem Bericht der schleswig-holsteinischen Landesregierung ist die Gesamtauflage der Tageszeitungen des sh:z-Verlages im Zeitraum 2013 bis 2020 von ca. 204.000 auf rund 179.000 gesunken. In den Zahlen sind sowohl die Print- als auch Digitalausgaben enthalten. Die Printauflage ging in dem selben Zeitraum von rund 192.000 auf unter 137.000 zurück, dagegen wuchs die Zahl der Digitalabonnenten von etwa 18.000 auf fast 42.000.

Aktuell wird die Gesamtauflage der *Husumer* zwischen 12.000 und 13.000 Exemplaren angegeben. Im 2. Quartal 2022 waren es 12.135 verkaufte Exemplare laut der Informationsgemeinschaft zur Feststellung der Verbreitung von Werbeträgern.

Blickt man heute in die Redaktion der *Husumer,* so trübt kein Zigarettenrauch mehr die Büroluft, und man hört auch kein Schreibmaschinengeklimper oder das Tickern von Fernschreibern. Seit langem schon arbeitet das Redaktionsteam in viel ruhigerer Umgebung an Bildschirmen und Tastaturen im Großraumbüro, das direkte und schnelle Kommunikation unter den Mitarbeitern ermöglicht. Aber der Zeitdruck, eine Seite pünktlich fertigzustellen, liegt den Redakteuren jeden Tag immer noch im Nacken. An ereignisarmen Tagen ist dieser Druck umso größer, dennoch müssen die Seiten zur *Deadline* gefüllt sein.

Der Druck

Alle fertigen Seiten gelangen anschließend über eine digitale Fernleitung zur hauseigenen Großdruckerei in Büdelsdorf. Die Produktionsstätte besteht seit 2001 und druckt nicht nur die verlagseigenen Tageszeitungen, sondern auch Anzeigenblätter und Beilagen. Hier werden die Zeitungsvorlagen belichtet und mittels Lasertechnik auf dünne Aluminiumpatten "geschrieben". Für jede Seite sind bis zu vier solcher Matrizen erforderlich. Wenn sie in die Druckmaschinen eingelegt und entsprechende Farben dazugegeben worden sind, kann die Produktion gestartet werden.

Auf zwanzig Kilometer langen Papierbahnen entstehen beidseitig bedruckte laufende Meter Zeitungsseiten, die im weiteren vollautomatischen Ablauf noch beschnitten und gefaltet werden. Jede Papierrolle wiegt 1,7 Tonnen und reicht für etwa 17.000 Zeitungen. Die Druckmaschinen schaffen in einer Stunde etwa 40.000 Exemplare. Für die Herstellung der *Husumer*, die im lesefreundlichen kleinen Berliner Format erscheint, werden gerade mal zwanzig Minuten benötigt. Die heutigen bunten Ausgaben erfordern einen vierfachen Druck in schwarz, rot, gelb und blau. Jede Nacht werden in Büdelsdorf insgesamt etwa 160.000 Tageszeitungen gedruckt.

Das *Flensburger Tageblatt* und seine 14 Lokalausgaben, darunter auch die *Husumer*, verlassen die Produktionsstraße am Ende gebündelt und adressiert und warten auf ihre Abholung durch die Auslieferungsfahrer. Alles ist zeitlich genau getaket, damit die Zeitungen pünktlich ihre örtlichen Depots und letztlich die Leser erreichen.

Die Produktionsstraße "spukt"am
Ende die fertigen Zeitungen aus.

Das untere Foto zeigt das
verlagseigene Druckzentrum
in Büdelsdorf

Auslieferung und Zustellung

Den Zeitungsvertrieb organisiert die verlagseigene Zustellgesellschaft Schleswig-Holstein mit Hilfe von Spediteuren. Die gebündelten und adressierten Zeitungspakete werden von den Fahrern in Kleintransportern in der Regel zwischen zwei und vier Uhr nachts zu den Abladestellen im Verbreitungsgebiet der jeweiligen Zeitung geliefert. Orte und Gebiete ohne Zusteller werden von den Fahrern direkt versorgt. In Deutschland werden etwa zehn Millionen Tageszeitungen im Abonnement vertrieben und von schätzungsweise hunderttausend Zustellern an jedem Werktag in die Briefkästen gesteckt. Die Verlage geben in der Regel eine Zustellfrist von sechs Uhr an, damit die Zeitung schon beim Frühstück gelesen werden kann.

In dem grau markierten Gebiet organisiert die Zustellgesellschaft den Vertrieb der im sh:z Verlag erscheinenden Tageszeitungen und Anzeigenblätter. Die übrigen Regionen werden von anderen Unternehmen versorgt.

Die beauftragten Speditionsfahrer und die etwa 1.500 Boten der Zustellgesellschaft stellen nicht nur die Tageszeitungen, sondern auch Briefe und kleine Paketsendungen zu. In Städten und größeren Dörfern wird dieser Dienst fast ausschließlich durch angestellte Zusteller ausgeführt. "Springer", die in Krankheitsfällen und als Urlaubsvertreter agieren, sowie die Auslieferungsfahrer unterstützen die Zusteller bei Bedarf. In dünn besiedelten Gebieten, etwa auf Eiderstedt, sind Speditionsfahrer als Zusteller unverzichtbar. Das Verbreitungsgebiet der *Husumer* umfasst das südliche Nordfriesland. Im nördlichen Teil erscheint das *Nordfriesland Tageblatt* und auf den Inseln Föhr, Amrum und Sylt der *Insel-Bote*.

Ein Dorf, seine Zusteller und Leser

Die Zustellung der Zeitung in den Dörfern und Städten unterscheidet sich kaum. Auch die Lesegewohnheiten der Bezieher und deren Motive, die *Husumer* zu abonnieren, sind ähnlich. Um sich wiederholende Erzählungen zu vermeiden, werden daher auch nur wenige Zusteller und Leser sowie exemplarisch zwei Dörfer vorgestellt. Zunächst richtet sich der Blick auf das Dorf Ostenfeld. Es liegt auf einem hohen Geestrücken gut zehn Kilometer östlich von Husum und wird von fast 1.600 Menschen bewohnt. Die ehemals reiche Kirchengemeinde weist eine lange bäuerliche Kultur mit eigener Tracht und Häuserarchitektur auf. Früher gab es hier viele Bauern. Die meisten von ihnen abonnierten die *Husumer*. Sie diente ihnen als wichtige Informationsquelle, denn sie veröffentlichte regelmäßig Preisübersichten für Vieh und Agrarerzeugnisse, Berichte über Marktentwicklungen in der Landwirtschaft und wichtige Wetterprognosen. Zu den Abonnenten im Dorf zählten auch Angehörige des Mittelstands – Händler, Kaufleute, höhere Angestellte, wohl auch der Pastor und einige Lehrer. Einfache Arbeiter konnten sich damals die Zeitung nicht leisten, nur gelegentlich kamen ausgelesene Exemplare in ihre Hände.

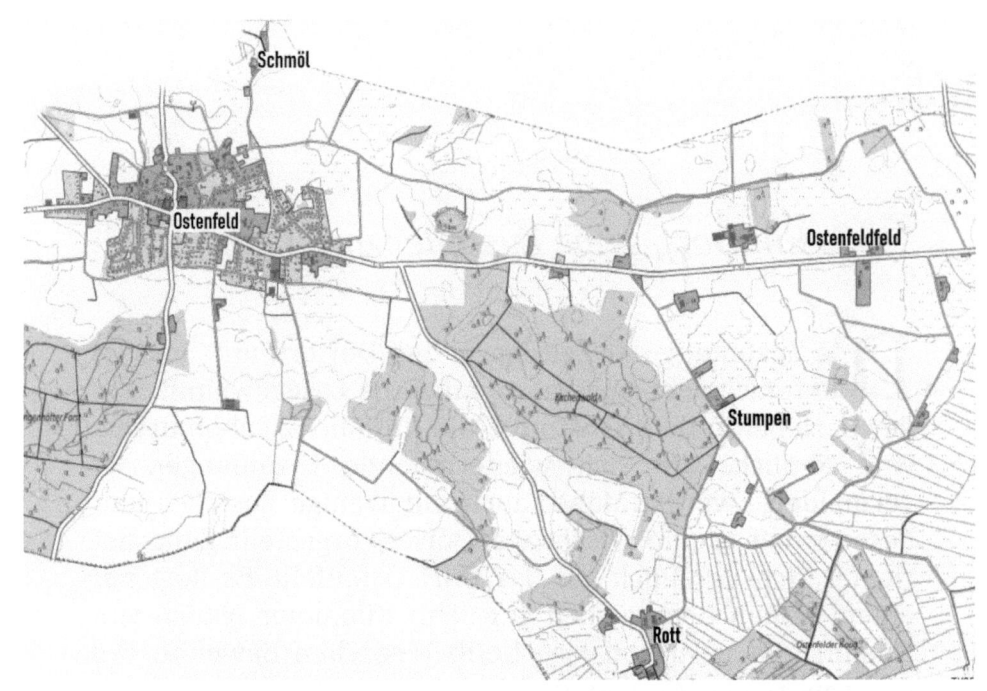

Ostenfeld mit seinen Ortsteilen Schmöl, Ostenfeldfeld, Stumpen und Rott

Als in den 1950er Jahren allmählich die Einkommen und der allgemeine Wohlstand stiegen, verzeichnete die *Husumer* im Dorf wie auch in ihrem gesamten Verbreitungsgebiet einen Zuwachs an Abonnenten. Das Blatt war damals die einzige Lokalzeitung für Stadt und Umland und blieb auch in den 60er und 70er Jahren konkurrenzlos. Für den Zeitungsverlag waren es "goldene" Jahre mit hoher Auflage und einträglichem Anzeigengeschäft. Anfang der 1980er Jahre soll es noch über zweihundert Abonnenten in Ostenfeld gegeben haben. Die Zahl der Leser wird

40

wesentlich größer gewesen sein, denn in den Familien ging sie durch mehrere Hände. Zudem teilten sich manche Abonnenten das Blatt mit Nachbarn oder gaben es einfach weiter, wenn sie es ausgelesen hatten.

Die ZustellerInnen

Ostenfeld ist einer der ersten Orte auf der Liefertour der von Büdelsdorf kommenden Transporter. Bereits vor zwei Uhr werden die Zeitungsbündel hier angeliefert. Damit die Zeitungen bis sechs Uhr zugestellt werden können, müssen sie so früh an der vorgesehenen Ablagestelle deponiert werden. Die Auslieferungsfahrer stellen Abonnenten, die in Siedlungen außerhalb des Dorfes wohnen, die Zeitungen direkt zu. Im Dorf machen sich zwei Zusteller auf den nächtlichen Weg. Ein Zusteller allein könnte die vielen Zeitungen und Postsendungen kaum bewältigen. Im Lauf der Jahre und Jahrzehnte versahen viele Ostenfelder diesen Dienst und übergaben ihn oft erst an Nachfolger, wenn sie ihn aus alters- oder gesundheitlichen Gründen nicht mehr ausüben konnten.

Häufig waren es kinderreiche Familien, die die Zustellung der Zeitung übernahmen. Bis 1970 wurde sie vormittags in Husum gedruckt und konnte daher nachmittags von Schülern ausgetragen werden. Staatlich finanziertes Kindergeld erhielten Familien generell erst Anfang der 60er Jahre. Der Botendienst verhalf manchen Familien zu einer kleinen Aufbesserung ihres Einkommens.

Die Henningsens

Annemarie und Walter Henningsen hatten sechs Kinder, fünf Jungs und ein Mädchen. Anfang der 60er Jahre mussten jeweils drei ihrer Kinder nach dem Schulunterricht die Zeitungen austragen. Gegen halbzwei kam der Bus aus Husum und brachte die zusammengeschnürten Zeitungspakete. An der Haltestelle beim Gasthof Andresen luden die Drei ihre abgezählten Exemplare in große Packtaschen und machten sich auf ihren Rädern in verschiedene Richtungen auf den Weg. Jeder hatte zwischen 50 und 60 Zeitungen zu verteilen. Briefkästen waren noch selten, deshalb gaben die Abonnenten den Zustellern vor, wo sie die *Husumer* ablegen sollten – im Stall, im Flur oder unter einem Stein vor dem Hauseingang. Einmal im Monat kassierte Annemarie Henningsen die Abo-Gebühren. Das war nicht immer einfach, denn manche behaupteten, sie bereits gezahlt, gerade kein Geld oder keine Zeit zu haben. Manchmal musste sie dreimal vorstellig werden, ehe sie Erfolg hatte. Wenn einer ihrer Kinder eine Ausbildung angefangen hatte, rückte ein jüngeres Kind in den Zustelldienst nach.

Mehrere Jahre hat die Familie die Dorfbewohner mit Zeitungen versorgt. Bei jedem Wetter, auch im Winter bei Schnee und Eisglätte. Einige Abonnenten lebten außerhalb von Ostenfeld, etwa der Förster und eine Gärtnerfamilie am Langenhöfter Forst und ein Bauer im abgelegenen Schmöl. Sie bezogen seit langem die *Husumer* und konnten sich auf pünktliche Lieferung durch die Schüler verlassen.

Louise und ihre Tochter Sabine

1975 übernahm die Hausfrau Luise Krieger (1938 – 2020) die nun frühmorgenliche Zustellung in Ostenfeld. Jeden Tag in der Woche, außer sonntags, stieg sie gegen fünf Uhr auf ihr mit zwei vollen Taschen schwer beladenes Rad und fuhr ihre Strecke ab. In immer gleicher Abfolge hieß es: treten, halten, absteigen, Fahrrad sicher abstellen, Zeitung entnehmen, auf dem Weg zum Briefkasten oder gewünschten Ablageort das Blatt zu einem kompakten Bündel falten, es platzieren, zurück zum Rad und weiter radeln. Zu Beginn, noch mit vollen Taschen, war das Aufsteigen etwas heikel und beschwerlich. Im Verlauf der Tour und mit jeder abgelieferten Zeitung wurde die Last geringer und das Radfahren leichter. Nach Stunden und etlichen Kilometern waren die Taschen geleert und die Arbeit erledigt. Zuhause warteten auf Luise jetzt noch die meisten ihrer sieben Kinder, die mit Frühstück versorgt und in die Schule geschickt werden mussten. Alle hatten aber bereits früh selbständiges Aufstehen und Frühstückmachen gelernt und mussten öfter der Mutter beim Zeitungsaustragen – noch vor Schulbeginn – helfen. Erst wenn die Kinder aus dem Haus waren, konnte sich Luise etwas ausruhen, um danach ihrer häuslichen Tagesarbeit nachzugehen.

Neun Jahre fuhr Luise täglich ihre Tour durchs Dorf. Im Januar 1984 erlitt sie einen Schlaganfall, der zu einer rechtsseitigen dauerhaften Gehbehinderung führte. Ihr Mann und ihre Tochter Sabine übernahmen in den nächsten Monaten den Zustelldienst. Doch Luise, die nach dem Schlaganfall manche Fertigkeiten erst wieder erlernen musste, war entschlossen, wieder selbst die Zeitungen auszutragen. Jetzt war sie allerdings auf ein Auto angewiesen, da sie nicht mehr radfahren konnte. Von nun an bildeten sie und ihre Tochter Sabine ein Zweier-Team. Beide teilten sich die Zustellung. Luise entschied sich für den Dorfbereich nördlich der Hauptstraße, Sabine für den südlichen. Bevor sie starteten, gönnten sie sich eine Tasse Kaffee, um sich in Ruhe auf die Arbeit einzustimmen.

Sabine benutzte weiterhin das Dienstfahrrad, ein robustes Hollandrad, das der Verlag in gewissen Abständen den Zustellern neu zur Verfügung stellte. Sie nannte es liebevoll *Else*. Anders als ihre Mutter legte sie die Zeitungen schon zusammengerollt in die Gepäcktaschen, um sie später bei der Auslieferung leichter handhaben zu können. Regen, Schnee, Kälte und Dunkelheit machten Sabine nichts aus. Nur Wind mochte sie nicht, denn der kam meistens von vorne. Sie genoss auf ihren Fahrten die sommerlichen Morgenstimmungen, die Sonnenaufgänge und die Gesänge der Vögel. Dann hielt sie oft inne und ließ sich von diesen Momenten verzaubern.

Es wurden schließlich achtzehn Jahre, in denen Sabine zusammen mit ihrer Mutter die *Husumer* zustellte. Besonderes in Erinnerung blieb ihr die Schneekatastrophe im Winter 1978/79, als Hubschrauber die Zeitungspakete vor dem Elternhaus abwarfen und die Leser sich wunderten, als die *Husumer* selbst über Schneeberge hinweg angeliefert wurde. Unvergessen auch der Schock, als sie plötzlich beim Betreten eines Grundstücks einen großen Rottweiler hinter ihrem Rücken spürte. "Nicht bewegen!", warnte sie eine Frauenstimme. "Sie haben Glück gehabt", hörte sie hinterher die Frau des Hauses sagen, die erklärte, dass eine "falsche" Bewegung den aus dem Zwinger entwichenen Hund zu einer schrecklichen Tat hätte veranlassen können.

Im Jahr 2001 beschloss Luise Krieger, als Zustellerin aufzuhören. 26 Jahre waren genug. Der Verlag, der sie zum 25jährigen Jubiläum noch für ihre Treue und Zuverlässigkeit gewürdigt hatte, verlor nicht nur *eine* langjährige Mitarbeiterin, gleichzeitig hörte auch ihre Tochter Sabine auf.

Luise Krieger feierte im Jahr 2000 ihr 25. Dienstjahr als Zustellerin.

Die in all den Jahren von ihnen zurückgelegte Strecke ist größer als der Umfang der Erde. Obwohl Sabine gern ihren Dienst versah, empfand sie doch Erleichterung, als sie ihn aufgab. Nun konnte sie ihr Leben wieder freier und neu gestalten. Aber es dauerte noch mehrere Jahre, bevor ihr Unterbewusstsein endlich damit aufhörte, sie mitten in der Nacht zum Dienst zu rufen und aufzuwecken.

Matthias

Der 64jährige Matthias Lüdemann ist seit vier Jahren Zusteller der *Husumer Nachrichten* und der *Nordbrief*-Postsendungen in Ostenfeld. Sein Gebiet umfasst den westlichen Teil des Dorfes. Den übrigen, größeren Bereich versorgt ein Kollege. Zusätzlich verteilt der gelernte Maurer und Munitionsfacharbeiter mit Unterstützung seiner Familie auch das ebenfalls im sh:z-Verlag erscheinende Anzeigenblatt *Die Wochenschau* an die Ostenfelder Haushalte.

Wenn Matthias Lüdemann gegen zwei Uhr nachts seine nächtliche Tour auf dem Fahrrad beginnt, ist seine Hündin *Mango* stets an seiner Seite. Zunächst muss er das Depot aufsuchen und dort einen verschlossenen Behälter öffnen, in dem die Zeitungspakete und die zu verteilende Post vom Auslieferungsfahrer zuvor abgelegt worden sind. Nachdem er alles im kleinen Anhänger vorsortiert hat, macht er seine Runde, für die er etwa zwei Stunden benötigt. Zum Glück werden die meisten Straßen im Dorf nachts von Laternen beleuchtet. Trotzdem benötigt der Zusteller noch seine Stirnlampe, um sicher zu den Briefkästen zu gelangen.

Mit Stirnlampe und in leuchtend gelber Jacke macht sich Matthias Lüdemann tief in der Nacht auf den Weg.

Oft findet er Briefkästen vor, die für dicke Kataloge oder umfangreichere Zeitungen zu klein sind. Dann muss er sich eine Lösung einfallen lassen. Wenn er Folien zur Hand hat, wickelt er die Sendung damit ein und kann sie so vor Nässe schützen. Dann muss er später am Tag nicht nochmal die Adresse aufsuchen, um die sperrige Post dem Empfänger persönlich auszuhändigen.

Die Zustellgesellschaft stellt Matthias Lüdemann ein Dienstfahrrad und Packtaschen zur Verfügung. Aber das Rad ist schwer und für ihn aus gesundheitlichen Gründen unpassend. Deshalb benutzt er lieber sein eigenes Rad und zieht mit ihm einen kleinen Anhänger. Der ist praktischer und leichter zu handhaben als die Taschen.

Auf seiner nächtlichen Tour sieht er im Dorf gelegentlich Wildtiere, manchmal auch Leute, die mit ihrem Hund spazieren gehen. Wenn er Steinmardern oder Kaninchen begegnet, hetzt seine Hündin sofort auf sie zu. Als aber einmal ein Reh auf der Straße stand, schauten sich *Mango* und das Wildtier lange regungslos an. Dann entschwand das Reh, und Mango schaute ihm nur verdutzt nach, ohne sich zu rühren. Sie schien zu fragen: "Was war das?"

Eines Nachts fand Matthias Lüdemann einen blutenden kleinen Kater auf der Straße sitzend. Er war offenbar von einem Fahrzeug angefahren worden und bot ein Bild des Jammers. Er rief seine Tochter, die in einer Tierarztpraxis arbeitet, zu Hilfe und bat sie, sich der verletzten Katze anzunehmen. Doch dem Kätzchen war nicht mehr zu helfen; es musste eingeschläfert werden.

Vor der Corona-Epidemie war der Umfang der Postsendungen manchmal so groß, dass deren Bewältigung eine besondere Anstrengung für die Zusteller bedeutete. Ein verständnisvoller Vertreter der Flensburger Verlagsleitung bedankte sich mit kleinen Aufmerksamkeiten für ihren Einsatz. Diesen seltenen persönlichen Kontakt empfand Matthias Lüdemann als Wertschätzung für den einsamen und oft anstrengenden nächtlichen Dienst. Die Abonnenten werden erahnen, wie mühsam die Arbeit und ungemütlich die Nacht bei schlechtem Wetter sein kann und sind dem Zusteller dankbar, dass er sie zuverlässig mit der gewohnten Lektüre am Morgen versorgt. Als er den Zustelldienst zwischenzeitlich aufgegeben hatte, klagten ihm viele Abonnenten, wie spät und unpunktlich sie die Zeitung nun erhielten, und dass sie sehr bedauerten, dass er aufgehört habe. "Deshalb ließ ich mich breitschlagen und fing wieder an", erzählt er. Bis heute blieb er dabei, auch wenn es bei manchen organisatorischen Abläufen nach wie vor Probleme gibt, die ihn damals zur Kündigung veranlasst haben. Er wünscht sich mehr Gehör für seine Anliegen, möchte andererseits aber *seine* Kunden nicht im Stich lassen.

Frank

Der andere Zusteller ist Frank Jensen (54). In seinem Bezirk wohnen mehr als doppelt so viele Zeitungsabonnenten wie in demjenigen seines Kollegen. Entsprechend hat er auch ein größeres Aufkommen an Briefen und Päckchen. Mit dem Fahrrad hätte er eine ziemliche Last zu bewältigen und wäre damit auch länger unterwegs. Deshalb liefert er seine Sendungen mit privatem Pkw aus – und das bereits seit dreizehn Jahren.

Sein Nachbar, der damals vertretungsweise im nächtlichen Zustelldienst arbeitete, fragte ihn, ob er Interesse an einer solchen Tätigkeit hätte. Sie passte zu Franks familiärer und beruflicher Situation gerade gut, und so entschied er sich nach zweimaliger Tourbegleitung, Zusteller zu werden.

Heute, nach so vielen Jahren dieser Tätigkeit, kennt Frank jeden auch noch so kleinen Winkel seines Bezirks, auch alle Häuser, Vorgärten und Briefkästen. Und er weiß schon im Voraus, dass ihn hinter einigen Haustüren garantiert ein Hund anbellen wird. Zum Glück schützen ihn verschlossene Türen vor Angriffen. Bei freilaufenden aggressiven Hunden vermeidet Frank lieber eine Begegnung und zieht es vor, später am Tag nochmals eine Zustellung zu versuchen.

Der Ablauf im nächtlichen Dienst ist für Frank eigentlich immer gleich. Gegen zwei Uhr macht er sich auf den Weg zu der Stelle, wo das Zeitungspaket und die Postsendungen täglich von einem Kurierfahrer verschlossen deponiert werden. Oben auf dem verschnürten Bündel sind auf einem Begleitzettel die Namen und Adressen vermerkt, die neu hinzugekommen oder aus dem Verteiler gestrichen worden sind, außerdem die Bezieher von Teil- und Probeabonnements. Die übrigen, oft langjährigen Kunden sind in Franks Gedächtnis abgespeichert. Er hat sich einen Tourenplan zurechtgelegt, nach dem er Zeitungen und Post im Kofferraum seines Autos vorsortiert.

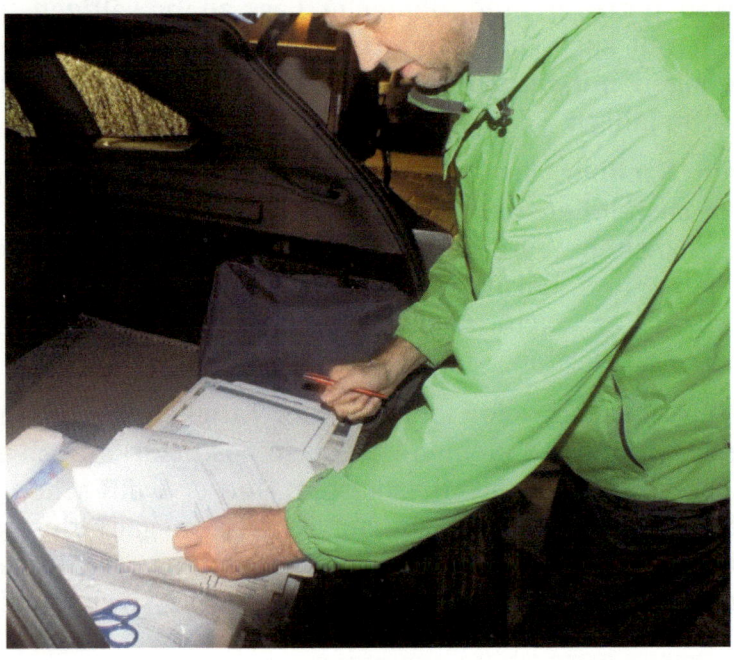

Dann legt er alle Zeitungen und die zu verteilende Post griffbereit auf den Beifahrersitz, und ab geht's zur ersten Adresse. Das notwendige Licht liefert ihm eine Kopflampe. Mit Taschenlampe bliebe nur eine Hand frei; das wäre für die Arbeit hinderlich. Dann greift Frank einen Packen abgezählter Zeitungen und meistens auch einige Postsendungen, um sie am ersten Zielort an die jeweiligen Abonnenten und Adressaten zu verteilen. Straße um Straße arbeitet Frank seinen Tourenplan ab, so dass am Ende jeder Abonnent bis 6.00 Uhr – das ist die Vorgabe der Zustellgesellschaft – seine Zeitung im Briefkasten vorfindet.

Begegnungen

In seinem nächtlichen Dienst begegnen ihm manchmal Wildtiere, etwa Rehe und Hasen, die sich in der Dunkelheit mitten ins Dorf wagen. Auch einzelne Ratten sieht er gelegentlich. Ganz selten trifft er auf Menschen, die in den Nachtstunden unterwegs sind. Im Februar 2020 tauchte aus dem Dunkeln plötzlich jemand auf, der offenbar nichts Gutes im Schilde führte. Frank hörte zunächst nur den Motorenlärm eines Mopeds. Das Geräusch kam näher, verstummte dann. Bald danach sah er eine Gestalt, die sich seinem Auto näherte, das er in einiger Entfernung geparkt hatte. Frank beschlich ein ungutes Gefühl, und deshalb eilte er zu seinem Wagen. Es schien nur das diffuse Licht einer Straßenlaterne, dennoch erkannte er von weitem, dass sich eine Person am Nummernschild zu schaffen machte. Als der vermeintliche Dieb Frank bemerkte, ließ er von seinem Vorhaben ab, schwang sich auf's Moped und entschwand. Frank verfolgte ihn mit seinem Pkw in Richtung Husum, hupte dabei mehrmals, um ihn zum Anhalten zu bewegen, aber ohne Erfolg. Schließlich rief er über Handy die Polizei an und meldete den Vorfall. Er hielt es doch für besser, ihr den Fall zu überlassen, schließlich konnte so eine Verfolgungsjagd auch übel für ihn ausgehen.

Mit Polizisten hatte Frank auch schon das eine oder andere Mal während seines Dienstes zu tun. Sie kontrollierten ihn einmal auf ihrer nächtlichen Streife, hofften vielleicht, einen Kriminellen auf frischer Tat zu ertappen. Für Frank war das durchaus keine angenehme Begegnung. Er war verdächtig. Jeder, der nachts unterwegs war, konnte ja einfach behaupten, Zeitungszusteller zu sein. Als aber die Beamten mit ihren Taschenlampen in den Innenraum seines Wagens leuchteten und die vielen Zeitungen sahen, entspannten sich ihre Mienen. Sie fanden alles in Ordnung und wünschten dem Nachtarbeiter freundlich eine gute Weiterfahrt. Früher sorgten Nachtwächter dafür, dass die Bewohner der Dörfer und Städte ruhig schlafen konnten. Sie warnten vor Feuer, Dieben und Einbrechern. Längst gibt es diese Beschützer nicht mehr. Nun sind es häufig die Zusteller, die verdächtige Vorkommnisse melden. Auch Frank hat schon in einigen Fällen die Polizei benachrichtigt.

Bei Regen, Sturm und Schnee

Die Unbilden des Winters, Stürme und Regenschauer erschweren den Dienst der Zusteller und Zustellerinnen. Bei Schnee- und Eislagen verlängert er sich oft erheblich. Häufig sind Straßen, Bürgersteige und die Wege zu den

Häusern weder freigemacht noch gestreut. Frank ist schon oft bei Glätte gestürzt. Zum Glück hat er außer einigen Blessuren nicht Schlimmeres davongetragen. Mittlerweile sind die meisten Häuser mit Bewegungsmeldern ausgestattet, die die Beleuchtung der Zuwege und Briefkästen auslösen. Aber es gibt auch Häuser, die völlig im Dunkeln liegen.

Frank sieht seinen Zustelldienst sportlich; er bewältigt seine Touren zügig und stellt für sich den Anspruch, zuverlässig und pünktlich zu sein. Wenn er in Urlaub geht, übernimmt eine Vertretung die Zustellung, oft für mehrere Dörfer gleichzeitig. Der *Springer* kann dann die gewohnte pünktliche Belieferung der Abonnenten wegen der großen Zahl der Zeitungen und Postsendungen und wegen fehlender Vertrautheit mit den dörflichen Verhältnissen kaum gewährleisten. Das verärgert manche Kunden, aber viele haben auch Verständnis für die erschwerten Umstände.

Sich den wechselnden nächtlichen Temperatur- und Witterungsverhältnissen entsprechend anzuziehen, bleibt eine ständige Herausforderung für die ZustellerInnen. Die Winter der letzten Jahre waren verhältnismäßig mild, früher gab es nachts noch häufig Minustemperaturen über zehn Grad, erinnert er sich.

Wieder zur Ruhe kommen

Eine besondere Schwierigkeit, die die Nachtarbeit mit sich bringt, sieht Frank darin, den veränderten Bio-Rhythmus wieder ins Lot zu bringen. Frank mag seine

Arbeit, auch wenn manche Nächte äußerst ungemütlich sein können. Er nimmt das Wetter, wie es kommt. Wenn aber im Frühling allmählich der Tag erwacht und die Vögel ihr wundervolles Konzert anstimmen, nimmt Frank das jedes Mal als beglückenden Moment wahr. Sein nächtlicher Dienst gab ihm auch die Möglichkeit, sich tagsüber seinem Sohn widmen zu können. Das war für ihn ein unschätzbares Geschenk.

Große Freude machen ihm auch die kleinen Aufmerksamkeiten, die er jedes Jahr zu Weihnachten von vielen Zeitungsbeziehern erhält. Es sind vor allem die Worte und Sätze, die Anerkennung, Respekt und Dankbarkeit für seinen nächtlichen Dienst ausdrücken, die er besonders schätzt. Bei jedem Absender bedankt er sich stets mit einigen persönlichen Zeilen.

Die LeserInnen

In Schmöl, einem nördlich gelegenen Ortsteil von Ostenfeld mit nur einer Hofstelle, lebt seit mehreren Generationen die Bauernfamilie Thomsen. Soweit sich der 1939 geborene Reimer Thomsen erinnern kann, hielt die Familie schon immer die *Husumer*. Erst waren es seine Eltern, die das Blatt abonnierten. 1970 übernahm Reimer den elterlichen Hof und auch das Zeitungsabonnement. Seine Mutter, die man hier *Anni-Schmöl nannte,* und die lange im Altenteil nebenan wohnte, las die *Husumer* bis zum Ende ihrer Tage gern und wartete täglich auf ihr Eintreffen. Bis heute sind

54

Reimer und seine Frau Heinke der *Husumer* treu geblieben. Sie blättern sie noch vor dem Frühstück durch und lesen schon das eine oder andere, vor allem Berichte über lokale Ereignisse. Später am Tag, wenn sie nach getaner Arbeit zur Ruhe kommen, widmen sie sich oft noch den ungelesenen Seiten. Früher hat ihnen die Stall- und Hofarbeit wenig Zeit zur Lektüre gelassen. Dennoch war ein kurzer Blick in die Zeitung immer wichtig für sie, denn dadurch erfuhren sie, was sich in der näheren Umgebung zugetragen hatte. Das Radio vermittelte solchen lokalen Neuigkeiten kaum. Neben der *Husumer* ist für sie das *Bauernblatt,* das über alle landwirtschaftlichen Bereiche gründlich informiert, als Alltagslektüre nach wie vor unverzichtbar. Die Lesegewohnheiten des Ehepaares haben sich im Lauf der Jahre verändert, notgedrungen, denn zuerst wurde die Zeitung nachmittags zugestellt, eine zeitlang auch von Postboten. Seit Beginn der 70er Jahre wird die *Husumer* nachts in den Briefkasten gesteckt und erlaubt frühes Lesen am Morgen.

Auf dem Stumpen

Für die Menschen, die in kleinen Dörfern, abgelegenen Siedlungen oder auf Halligen im Wattenmeer leben, besitzt die Zeitung einen anderen Stellenwert als für Bewohner von Städten und großen Dörfern. Dort, wo es häufig weder Kaufmann, Schule und unmittelbare Nachbarschaft gibt, ist sie mehr als nur eine bloße Übermittlerin regionaler Nachrichten. Verbindet sie doch ihre abseits wohnenden Leser und Leserinnen mit dem übrigen Land, mit dem Alltag und dem Schicksal seiner Bewohner und vermittelt ihnen das Gefühl, Teil einer größeren Gemeinschaft und mit der Welt verbunden zu sein. Auch gelegentliche kurze Gespräche mit den Zustellern machen ihnen Freude.

Auf dem dünn besiedelten Stumpen, einem Ortsteil von Ostenfeld, liegen mehrere verstreut liegende Höfe. Bis heute halten die meisten Bewohner die *Husumer.* Bis vor kurzem lebte dort auch die inzwischen pensionierte Lehrerin Elke Scherer (69) mit ihrem Mann am Rand einer ausgedehnten Wiesenlandschaft, die von dem Fluss Treene begrenzt wird. Ihre frühe Kindheit verbrachte sie "auf dem Stumpen", wie man hier zu dem Landstrich sagt, dessen einstige Waldungen vor langer Zeit gerodet und dann besiedelt wurden. 1982 erbte sie den Hof ihrer verstorbenen Großeltern auf Stumpen. Sie waren viele Jahre treue Leser der Heimatzeitung gewesen. Neben lokaler Bericht-erstattung interessierten sie Ferkel- und Fleischpreise, Sterbefälle und Wetterprognosen. Als die Zeitung eine zeitlang erst nachmittags mit der Post kam, fanden die Großeltern das höchst ärgerlich, mussten sie doch auf die gewohnte Morgenlektüre verzichten. Heute liefert der Auslieferungsfahrer der Spedition die Zeitung wieder früh am Morgen und sorgt für zufriedene Leser.

Wenn die Großeltern die Zeitung ausgelesen hatten, wurde sie nicht einfach weggeworfen, sondern nützlichen Zwecken zugeführt. Sie diente zum Blankputzen der Fensterscheiben, als Schrankpapier, auch zur Abdeckung der Schränke. Das Erscheinungsdatum des Blattes rief peinlich in Erinnerung, wie lange dort schon nicht mehr Staub gewischt worden war. In Zeitungspapier wurden zerbrechliche Dinge wie Glas und Porzellan verpackt wie auch Kleidungsstücke, um sie vor Mottenfraß zu schützen.

Mit der *Husumer* feuerte man die Öfen an und gab ihr noch eine letzte Bestimmung als Klopapier. In der papierarmen Nachkriegszeit besuchten Lumpenhändler regelmäßig die Höfe, holten Altpapier – leere Futtermittelsäcke und gebündelte Zeitungspakete – ab und zahlten dafür manche Groschen und Markstücke in bar. Denn es gab damals noch keine Müllabfuhr, die Jahre später für die entstehende Wegwerfgesellschaft unerlässlich wurde.

Elke Scherer hatte zeitweise in einer norddeutschen Großstadt gelebt und war dort bereits Abonnentin einer überregionalen Tageszeitung gewesen. Als sie das Erbe ihrer Großeltern antrat und zum Stumpen zog, bestellte sie die *Husumer Nachrichten*. Sie war und ist bis heute im Sport engagiert und wollte sich über diesen Bereich und über lokale Ereignisse informieren. Zu ihrem morgendlichen Ritual gehörte es, in aller Ruhe gemeinsam mit ihrem Mann zu frühstücken und die Zeitung zu lesen. Dabei saß sie immer an "ihrem" Platz am Tisch, von dem aus sie durch das Fenster in ihren großen Garten schauen konnte. Ausgebreitet bedeckte die Zeitung den größten Teil des Tisches. Die Frühstücksutensilien mussten sich mit der verbliebenen Fläche begnügen. Diese Aufteilung bot optimales Lesevergnügen, begleitet von duftendem Tee und Bissen in leckere Marmeladenbrote. So entspannt tauchte die Leserin jeden Morgen, außer sonntags, in die Nachrichten- und Bilderwelt ein und löste zum Abschluss ihrer Lektüre oft noch ein Sudoku auf der Rätselseite.

Der wohlmeinenden Empfehlung ihres Mannes, doch lieber die Digitalausgabe zu nutzen, sie sei doch praktischer, schneller verfügbar und kostengünstiger, folgte sie nicht. Für sie ist und bleibt es wichtig, die Zeitung in den Händen zu halten, Papier zu fühlen, Druckerschwärze und Farben zu riechen und Seite für Seite aufzuschlagen. Sie wird die Papierausgabe nicht eintauschen gegen ein ungewohntes elektronisches Medium mit wenig sinnlichem Reiz.

Elke Scherer hat viele Jahre lang auf dem Stumpen gewohnt.

Nach dem Tod ihres Mannes ist Elke Scherer vom Stumpen nach Ostenfeld umgezogen und hat ihr Abonnement beibehalten. Nach wie vor erhält sie ihre

Zeitung bereits ganz früh am Morgen durch einen der beiden Zusteller im Dorf. Nur gelegentlich kommt es vor, dass das Blatt verspätet zugestellt wird und als Lektüre auf dem Küchentisch fehlt. "Dann werde ich gnaddelig", bekennt die Ostenfelderin.

Lesegewohnheiten

Die Zeitung wird an den verschiedensten Orten und zu unterschiedlichen Zeiten gelesen, je nach Gewohnheit und Verfügbarkeit. Wer sie bereits früh am Morgen bekommt, wird sie vielleicht gern zum Frühstück am Küchentisch lesen. Andere schätzen sie im Sommer als Lektüre auf dem Balkon, im Garten oder auf einer Bank im Park. Manche nehmen sie auch zur Arbeit mit und lesen sie in den Pausen.

Der Zeitungsleser. Gemälde von Carl Zewy, um 1900.

Ein Rentnerehepaar aus Ostenfeld liest die *Husumer* noch vor dem gemeinsamen Frühstück gern im Bett. Sie fängt mit dem ersten Teil der Zeitung an, während er sich der anderen Hälfte widmet. Wenn beide ihre Seiten "durch haben", wird getauscht. Zum Schluss lösen sie noch gemeinsam das Kreuzworträtsel. So stimmt sich das Paar in aller Ruhe auf den Tag ein. Früher lasen die beiden die Zeitung noch bei ihrer Tochter mit. Vor einigen Jahren haben sie die Papierausgabe selbst abonniert und würden nur ungern auf sie verzichten.

Die Heimatzeitung und die große "Frankfurter"

Ein anderes Rentnerehepaar abonniert schon seit mehreren Jahren die *Husumer*. Eigentlich haben er und sie schon immer Zeitung gelesen – früher in den elterlichen Haushalten und später, als sie noch woanders lebten, selbst eine Regionalzeitung gehalten. In Ostenfeld, seit vielen Jahren ihre neue Heimat, fingen sie mit der *Husumer* an. Dann wechselte er zur *Welt* und schließlich zur *Frankfurter Allgemeine Zeitung*. Seine Ehefrau besann sich doch wieder auf die *Husumer* und bestellte sie kurzerhand, zumal auch ein großer Fernseher bei Abschluss eines Abonnements als kostenlose Zugabe winkte.

Seit etwa drei Jahren flattert nun werktäglich für jeden eine Zeitung ins Haus. In der Regel kommen die Ausgaben noch vor sechs Uhr morgens zu ihnen. Der Weg der *Husumer* von der Großdruckerei in Büdelsdorf nach Ostenfeld beträgt gut vierzig Kilometer. Dagegen legt die *Frankfurter* von der fernen Großstadt bis zu ihrem Leser in

Ostenfeld über 630 Kilometer zurück und wird hier frühmorgens zeitgleich mit der *Husumer* zugestellt – eine logistische Glanzleistung. Die Logistikunternehmen der Zeitungsverlage kooperieren miteinander und können so die frühe und zuverlässige Belieferung von Abonnenten und Händlern gewährleisten. Mit Bahn und Flugzeug wären pünktliche Zustellungen nicht möglich, im übrigen auch zu teuer.

Das Ostenfelder Paar hat unterschiedliche Gewohnheiten, die Zeitung zu lesen. Sie liest die *Husumer* gern beim Frühstück am Küchentisch. Ihr Ehemann blättert nur gelegentlich in der Heimatzeitung. Er selbst liest seine *Frankfurter* am späten Vormittag, am liebsten auf dem Sessel im Wohnzimmer. Er nimmt sich zuerst die hinteren Seiten mit den Rubriken "Reise" und "Technik" vor, die sind entspannend und für ihn meistens sehr interessant. Wenn er zum politischen Teil kommt, wird's eher aufregend für ihn, da ihn das Weltgeschehen nicht ungerührt lässt und manche Artikel und Kommentare seinen Widerspruch herausfordern. Er schätzt seine Zeitung wegen ihrer fundierten Beiträge, seriösen Aufmachung und Themen-vielfalt. Seine Frau sieht den Vorzug "ihrer" Zeitung in der lokalen Berichterstattung. Die kann ihnen die Großstadt-zeitung nicht bieten. Auch der Sportteil interessiert sie. Ihr Vater und ihre Brüder waren dem Fußball und der Leichtathletik sehr zugetan. Dadurch wurde sie schon als Kind geprägt und liest bis heute gern Sportberichte.

Für beide sind die Zeitungen eine Bereicherung ihres Alltags. Sie freuen sich täglich auf die frisch gedruckten Seiten und deren Lektüre, obwohl manche Meldungen keinen guten Einstieg in den Tag verheißen. Ohne die

Zeitungen würde ihnen etwas fehlen. Deshalb werden sie sie auch weiterhin abonnieren und die Papierform beibehalten, weil sie ihnen vertraut ist. Wenn sie ihre Ausgaben gelesen haben, geben sie sie an ihre Nachbarn weiter. Die Teilung von Abonnements ist auf den Dörfern häufige Praxis; sie trägt zu einem guter Nachbarschaftsverhältnis bei und verringert zudem die Ausgaben.

Inge

Seit fast fünfzig Jahren liest die Ostenfelderin Inge Bies (68) die *Husumer*. Sie wuchs als Tochter eines Bauern mit drei Geschwistern in Immenstedt auf. Kurz nach dem Krieg, als Zeitungen nach und nach von der britischen Besatzungsmacht wieder zugelassen wurden, abonnierten ihre Eltern neben dem *Bauernblatt* auch die *Husumer Nachrichten*. Inge las schon als Kind in beiden Ausgaben und mochte auch später, als sie heiratete, auf die Heimatzeitung nicht verzichten. Seit 1972 hält sie nun die *Husumer*, zuerst in Hollingstedt, bald darauf in Ostenfeld, wo sie seit 1979 lebt. Auch nach dem Tod ihres Mannes behielt sie das Abonnement bei.

Für sie gehört frisch gebrühter Kaffee, ein gutes Frühstück und die Zeitungslektüre einfach zur gemütlichen Einstimmung in den Tag. Zuerst schlägt sie die "schwarze Seite" auf. Damit meint sie die vorletzte Seite mit den Todesanzeigen. Für die Leser der Zeitung sind Mitteilungen über das Ableben von Dorfbewohnern und Menschen aus dem näheren Umland höchst wichtige Nachrichten, die viele deshalb zuerst lesen. Doch nicht alle Hinterbliebenen geben entsprechende Anzeigen auf. Beim Kaufmann – früher die Hauptnachrichtenbörse –, im Blumenladen, an der Tankstelle oder über den "Dorffunk" finden solche Ereignisse dennoch schnelle Verbreitung.

Im Sommer bei schönem Wetter liest Inge Bies die Zeitung gern vor ihrem Haus im Garten.

Neben den Lokalseiten liest Inge auch gern den Sportteil, da sie früher aktive Handballerin war und sich diesem Sport wie auch anderen Sparten verbunden fühlt. Ansonsten blättert sie die Zeitung von hinten nach vor durch und überfliegt im politischen Teil oft nur die Überschriften, denn das Weltgeschehen findet sie selten erträglich und möchte nicht zuviel davon aufnehmen.

Auf die tägliche Zeitungslektüre möchte Inge nicht verzichten, es soll aber die Papierform bleiben. Wenn die Zeitung mal verspätet zugestellt wird, was selten vorkommt, und Inge ohne sie frühstücken muss, werde sie nervös, sagt sie. Wenn sie fehlt, ist das für sie genau so einschneidend, als würde sie auf ihre geliebte Tasse Kaffee am Morgen verzichten müssen. Auch ihre beiden Kinder, die längst aus dem Haus sind und eigene Familien haben, abonnieren die *Husumer*. Sie sind quasi mit der Zeitung aufgewachsen. Deren morgendliche Lektüre ist auch bei ihnen ein geliebtes Ritual.

Die "Macher" ihrer Heimatzeitung und alles, was dahintersteht, kennt Inge nicht, war auch noch niemals in der Husumer Redaktion. Vor einigen Jahren durfte sie aber zusammen mit einer Landfrauen-Gruppe das riesige Druckzentrum in Büdelsdorf besichtigen. Das fand sie eindrucksvoll und sehr interessant.

Inge ist in ihrem Elternhaus und im Dorf ihrer Kindheit mit der plattdeutschen Sprache aufgewachsen und fühlt sich in ihr zu Hause. Jeden Freitagnachmittag liest sie schon seit mehreren Jahren Bewohnern und Bewohnerinnen einer Senioreneinrichtung in Mildstedt Geschichten auf Platt vor und unterhält die Runde zusätzlich mit Gesprächen. Ihre ZuhörerInnen und sie selbst haben so viel Freude daran, dass beide Beteiligte etwas vermissen, wenn die Lesung mal ausfallen muss. Dann schreibt Inge einen Brief auf Platt, der ersatzweise von einer Mitarbeiterin dem wartenden Publikum vorgelesen wird. Inge, die ihre

Lesestücke aus Büchern wählt, hat selbst schon eigene plattdeutsche Geschichten aufgeschrieben und sie im Rahmen eines Wettbewerbs an den Rundfunk geschickt. Vielleicht wird sie noch weitere Geschichten schreiben und eines Tages vielleicht aus ihrem eigenen Buch vorlesen.

Wolfgang

Inges Nachbar Wolfgang (72) abonniert ebenfalls schon lange die *Husumer* und hat sich vor etwa fünf Jahren für die Digitalausgabe entschieden. Für ihn und seine Frau bietet das elektronische Format einige Vorzüge, die sie zum Wechsel veranlassten.

Auf einem Computertablet lässt sich die Zeitung bequem lesen.

Als Wolfgang noch berufstätig war, musste er früh aufstehen und frühstückte zeitunglesend noch allein. Später im Rentnerstand war die Situation anders. Da saß sich das Ehepaar am Frühstückstisch gegenüber, und beide lasen ohne Blickkontakt hinter hoch gehaltenen Seiten.

Jetzt mit dem kleinen praktischen Computertablet können sie sich wieder beim Zeitunglesen anschauen und haben auch mehr Platz am Tisch. Ein weiterer Vorteil ist, dass sie die Zeitung via Tablet im Urlaub überallhin mitnehmen können und sich auch im Ausland täglich aktuell über die wichtigsten Ereignisse informieren können. Zudem sprach der günstigere Preis und die um einige Stunden frühere Verfügbarkeit der Zeitung für das Digitalabo. Jeder der beiden besitzt ein Tablet und hat damit Zugriff auf die *Husumer*. So kann das Paar gleichzeitig dieselbe Seite oder denselben Artikel lesen und ihre Meinungen darüber unmittelbar austauschen.

Andere Dörfer und Regionen

In den benachbarten Dörfern Winnert, Wittbek sowie Oster- und Wester-Ohrstedt erhalten die Abonnenten ihre Zeitung durch örtliche Zusteller. Dort gibt es ausreichend viele Leser, so dass deren Einsatz wirtschaftlich ist. In Ipernstedt, einem zur Gemeinde Rantrum gehörenden Ortsteil, leben nur etwa sechzig Menschen. Die persönliche Zustellung an die wenigen Bezieher wäre zu kostenintensiv, so dass im Einvernehmen mit den Abonnenten eine andere Lösung gefunden wurde. Mitten im Dorf an der Hauptstraße steht ein Wartehäuschen an der Bushaltestelle.

Die Häuser liegen dicht nebeneinander an der Hauptstraße, und der Weg von ihnen zur Haltestelle ist kurz. Deshalb dient das Häuschen auch als Zeitungsdepot. Die Abonnenten holen sich dort ihr Exemplar persönlich ab oder lassen es vom Nachbarn mitbringen. Seit langem sind die Ipernstedter damit vertraut und froh, dass diese Form der Anlieferung ihnen die frühe Lektüre der Zeitung gewährleistet. Sie ist ihnen lieber als die Alternative – die zwar persönliche, aber späte Zustellung durch die Post.

Das Wartehäuschen an der Bushaltestelle in Ipernstedt dient gleichzeitig als Zeitungsdepot.

Auf Eiderstedt

Werner Junge, 1955 geboren, hatte zum ersten Mal mit der Zeitung zu tun, als er als Schüler gelegent-lich half, sie im Umland von St. Peter-Ording auszufahren – seine erste Begegnung mit Journalismus. Nach der Schule vertiefte er sie als Volontär bei den "Husumer Nachrichten" und wechselte als Jungredakteur zum Norddeutschen Rundfunk, wo er als Reporter, Studioleiter und Korrespondent über 40 Jahre arbeitete. Im folgenden erzählt er von jener frühen Erfahrung:

Dass die „Husumer Nachrichten" erst am Nachmittag kamen, war normal, damals Anfang der 1970er Jahre, zumindest auf Eiderstedt. Mit dem TEE (dem Trans Eiderstedt Express) rollte der kleine Stapel gegen Mittag an. Peter oder Uwe Schmidt klemmten sie hinten auf dem Fahrrad fest. Schmidts waren unsere Nachbarn am Norderdeich. Da wir auch zusammen in den Dünen tollten, fuhr ich auch oft mit, um das Blatt auf die weit verstreuten Höfe in Brösum, Westmarken bis hin in den Tümlauer Koog zu bringen. Anfangs wartete ich noch an der Straße, wenn Uwe oder Peter hoch auf den Hof fuhren. „Wenn Du auch fährst sind wir schneller" meinte Uwe. Ich nahm also eine „Husumer Nachrichten" und fuhr auf die Warft. Kaum das ich ein paar Meter von der Straße entfernt war, begann lautes Gebell. Ich stieg ab, näherte mich vorsichtig. Der Bauer kam mir entgegen.

„Na min Jung, is dat dat erste Mol, dat Du mit Blatt ünnerwegens büst?"

„Jo, is de Töhl an de Keet?"

„Nee ist he nich un dat is nich ring. De deiht niks. Niks wenn Du nich bang büst."

„Un wi markt de, dat ik bammel heff?"

„Dat rüügt he. Un Du muss blots eenfach ob de Hofsteed fohren, Moin seggen un de Hund ankicken".

So recht konnte ich das nicht glauben. Uwe und Peter konnte ich auch nicht beichten. Also bin ich dem Rat gefolgt. Mit einem festen „Ik bün nich bang" bin ich in den folgenden Wochen auf immer mehr gut bewachte Höfe gefahren. Erst wurde noch ein wenig geknurrt, dann hatte ich gewonnen. Ich hab' bis heute keine Angst mehr vor Hunden. Das war eine wichtige Erfahrung für mich. Es gibt sogar Leute die behaupten, dass wäre mein Start in den Journalismus gewesen, erst die Lehrzeit bei den „Husumer Nachrichten", dann noch über 40 Jahre beim NDR. Ich finde das etwas überinterpretiert. Aber als Geschichte bleibt es schön.

Eine Zustellerin aus Drelsdorf

Im mittleren Nordfriesland nahe Bredstedt liegen die Dörfer Drelsdorf und Bohmstedt. Seit 28 Jahren stellt Heinke Hannig (65) hier die *Husumer* zu, auch im zur Gemeinde Drelsdorf gehörigen Norderfeld, das mehrere Kilometer vom Dorf entfernt liegt. Anfänglich waren es nur Zeitungen, mittlerweile befördert sie im Auftrag der Zustellgesellschaft Schleswig-Holstein, für die sie arbeitet, auch Briefe und kleinere Paketsendungen. In Drelsdorf, das knapp 1.300 Einwohner zählt, wird sie von zwei Kolleginnen unterstützt, in Bohmstedt von ihrem Mann. Beide machen ihre Touren mitten in der Nacht, nachdem sie sich zuvor noch eine Tasse Kaffee und eine Zigarette gegönnt haben. Die Zeitungspakete und Postsendungen werden ihnen direkt ans Haus geliefert. Nachdem sie alles entsprechend ihrer Zustellrouten sortiert und in große Taschen verpackt haben, machen sie sich mit ihren Rädern auf den Weg. Zur Sicherheit haben sie Handys dabei, um bei Pannen oder in Notfällen gewappnet zu sein. Zum Glück kamen solche Fälle in der Vergangenheit nur selten vor. Die Gemeinde Drelsdorf zeigt ein Herz für die Zusteller und schaltet extra für die Boten bereits ab vier Uhr nachts in einigen Straßen die Laternen an. Im Zuge allgemeiner Energieeinsparmaßnahmen bleiben sie seit kurzem allerdings aus. Obwohl die Zusteller mit Stirnlampen ausgerüstet sind, erleichtert die Beleuchtung der Straßen ihren nächtlichen Dienst doch wesentlich. Wenn beide von ihren Touren nach Hause zurückkehren, freuen sie sich auf Tee und ein gemeinsames Frühstück und legen sich anschließend für ein Stündchen zur Ruhe. Für ihren nächtlichen Dienst mussten sie ihren Tagesrhythmus umstellen. Beide gehen sehr früh ins Bett. Sie besitzen auch keinen Fernseher, und Abendveranstaltungen besuchen sie nur selten.

Heinke schätzt an ihrer Arbeit vor allem das Moment der Bewegung auf dem Fahrrad und zu Fuß. Ihren Zustelldienst mit dem Auto zu versehen, wäre für sie reizlos. Auf dem Rad riecht und schmeckt sie die Luft, hört im Frühling den Gesang der Vögel und begegnet manchmal Rehen, Hasen und Igeln. Sie mag es, zu früher Stunde draußen zu sein, den erwachenden Tag in seinen wechselnden Stimmungen und den Übergang von einer Jahreszeit zur anderen zu erleben. Nicht zuletzt hat sie diese Arbeit auch deshalb gewählt, weil sie hofft, damit ihre Gesundheit lange zu erhalten. Erst wenn sie nicht mehr kann, will sie mit dem Zustelldienst aufhören.

Bevor Heinke Zustellerin wurde, war sie Realschullehrerin für Deutsch und Französisch und arbeitete u. a. auf der Insel Helgoland und zuletzt in Bredstedt. Sie besaß ein gutes Einkommen und die Aussicht auf ein späteres, gesichertes Dasein als Pensionärin. Doch die engen Lehrplanvorgaben und der zunehmend frustrierende Alltag in ihrem Beruf ließen sie an ihrer Aufgabe zweifeln. Zwar mag sie den Umgang mit Menschen, und sie sieht sich auch als Lehrerin. Doch sie mochte nicht mehr Dinge vermitteln, die weder die Schüler noch sie selbst interessierten. Vielmehr wünschte sie, vom Leben und der Natur zu lernen und das Erfahrene mit anderen Menschen, die ähnliche Vorstellungen und Wünsche haben, zu teilen.

Um das umzusetzen, war sie schließlich bereit, ihren Lehrerberuf aufzugeben. Sie fand neue Perspektiven, und ihr Leben wurde bunt. Noch als Lehrerin hatte sie Fortbildungskurse für Trauer- und Suchtberatung besucht und

Kenntnisse erworben, die sie nun in Bildungsstätten und Beratungsstellen einbringen konnte. Nach wie vor ist Heinke stundenweise im Schulbetrieb aktiv, denn sie betreut an einer Grundschule SchülerInnen vor und nach dem Unterricht.

Heinke wuchs in Högel auf einem Bauernhof auf und fühlte sich schon als Kind zur Natur hingezogen. Als sie 1988 in Drelsdorf ein Haus erwerben konnte, begann sie, einen naturnahen Garten anzulegen.

Vor ihrem Haus haben Heinke und Bernd Hannig einen üppigen Wildblumengarten angelegt.

Wesentlichen Anteil an dessen Gestaltung hat ihr Mann Bernd (70), ein ehemaliger Baumschulgärtner. Während er sich um die über sechshundert Wildpflanzen und um die Anlage von Beeten kümmert, widmet sich Heinke der Aussaat, Ernte und Verarbeitung der Gartenfrüchte. Im Vorgarten gedeihen in üppiger Eintracht Blumen und Stauden, an der Südwand des Hauses Tomaten und hinter dem Haus Gemüse, Obst und viele verschiedene Kräuter. Die geschwungenen, mit Natursteinen gepflasterten Wege im Vorgarten laden zum Verweilen ein, und die Pracht der Anlage bezaubert.

Bernd und Heinke Hannig arbeiten oft und gern in ihrem Garten.

Heinke und Bernd können sich aus ihrem Garten mit Lebensmitteln nahezu selbst versorgen. Im Herbst ist ihre Speisekammer mit Vorräten gefüllt und im kommenden Frühjahr wieder geleert. Dann konserviert Heinke erneut die Früchte des Sommers und lagert sie wieder für die Wintermonate ein. Die Vegetarierin folgt dem Zyklus der Natur und nutzt deren Gaben in einer Weise, wie es vor gar nicht so langer Zeit auf dem Land noch allgemein üblich war. Ihre über die Jahre angeeigneten Pflanzenkenntnisse gibt sie zusammen mit ihrem Mann gern in Wildkräuterkursen und auf Pilzexkursionen weiter. Die anschließende Zubereitung und Verkostung spielen dabei eine wichtige sinnliche Rolle.

Heinke erntet und verarbeitet die vielen Gartenfrüchte, die als Vorrat ihre Speisekammer füllen.

Heinke ist nicht nur Zustellerin der *Husumer Nachrichten.* Sie war auch über zehn Jahre lang freie Mitarbeiterin der Zeitung und hat für sie Artikel geschrieben. Eines Tages begann sie, eigene Geschichten aufzuschreiben – auf Plattdeutsch, einer Sprache, mit der sie aufgewachsen ist. Bisher sind drei Bücher mit ihren Erzählungen erschienen. Die Autorin schöpft ihre Geschichten, für die sie mehrere Literaturpreise erhielt, aus ihrem Lebensalltag und aus ihrer Phantasie. Zahlreiche Lesungen führten sie durch ganz Schleswig-Holstein. Als ihr erstes Hörspiel, das sie einem Rundfunksender schickte, angenommen wurde, ermunterte sie das, weitere Manuskripte für den Rundfunk zu schreiben. Inzwischen wurden bereits fünf Hörspiele von ihr gesendet, und ein weiteres Werk wird von Radio Bremen für eine Ausstrahlung vorbereitet.

Zeitungen und Post für die Halligbewohner

In dünn besiedelten Gebieten wie etwa auf Eiderstedt und Nordstrand, wo viele Abonnenten in abgelegenen kleinen Siedlungen und auf vereinzelten Hofstellen leben, ist die Zustellung eine logistische Herausforderung. Diese Adressaten werden in der Regel direkt von den Speditionsfahrern beliefert.

Eine noch größere Herausforderung stellt die Beförderung zu den Halligbewohnern dar. Eine Zustellung am frühen Morgen ist dort nicht möglich. Die für die Halligen vorgesehenen Zeitungspakete werden von der Spedition zum Briefzentrum nach Elmshorn geliefert, das für die schleswig-holsteinische Westküste zuständig ist. Von dort werden sie nach Bredstedt weiterbefördert. Hier holt sie der Halligpostschiffer, ein vom Postunternehmen beauftragter selbständiger Spediteur, zusammen mit den übrigen für die Halligen bestimmten Postsendungen ab und transportiert sie vom Festland zu den im Wattenmeer gelegenen Bestimmungsorten. Dort übergibt er sie dann an die jeweiligen Postboten, die die Sendungen den Empfängern zustellen. Die Deutsche Post hat einen gesetzlich festgelegten Versorgungsauftrag, der auch für die Halligen gilt. Danach sind an jedem Werktag Briefe und Pakete im ganzen Land zuzustellen.

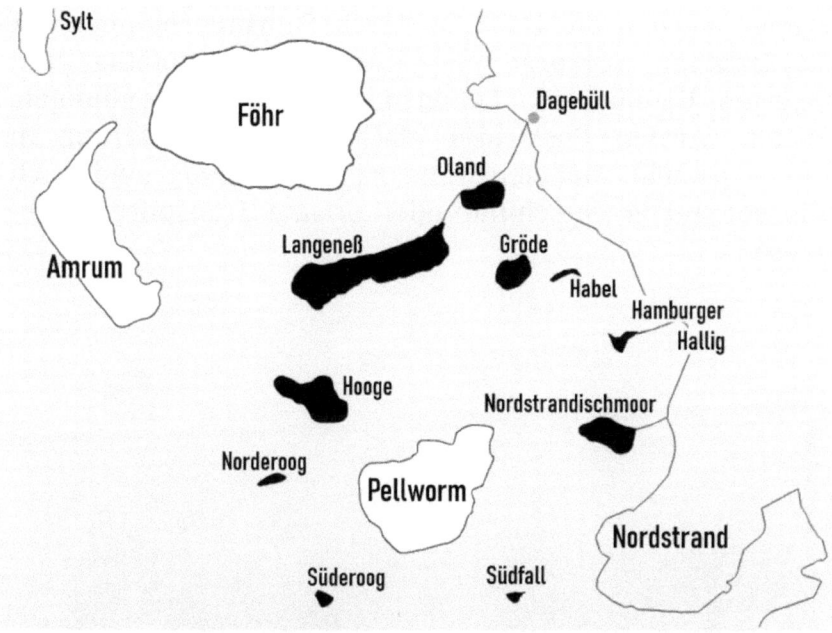

Die zehn Halligen im Nordfriesischen Wattenmeer. Bis auf Norderoog sind alle bewohnt, Hallig Habel nur im Sommer.

Immer schon war die Versorgung der Halligen eine schwierige Aufgabe, bei der die Gezeiten und die Wetterbedingungen eine entscheidende Rolle spielen. Lebensmittel und andere Bedarfsartikel lassen sich bevorraten, aber Post und Zeitungen möchten die Bewohner genauso regelmäßig erhalten wie die auf dem Festland lebenden Menschen. Die Entwicklung im Verkehrswesen ist an den Halligen ziemlich spurlos vorübergegangen. Die Versorgung geschieht heute noch fast genauso wie vor hundert Jahren. Die für die Transporte unverzichtbaren Loren und Boote sind mittlerweile lediglich motorisiert worden.

77

Früher wurden die Halligen durch Fuhrunternehmer mit Segelschiffen versorgt. Sie kamen unregelmäßig und lieferten Baumaterial, Lebensmittel und Postsendungen. Später wurden Postschiffe für die Postbeförderung in Dienst gestellt. Halligen ohne Fährverbindung sind nach wie vor auf Frachtschiffer oder private Transporte angewiesen.

Verladung von Postsendungen auf ein Postboot auf Hallig Langeneß 1955

Postzustellung auf Langeneß Mitte der 1950er Jahre. Für einen kleinen Schnack nahm man sich damals gern die Zeit.

Die Loren, die auf dem in den 1920er Jahren erbauten Damm zwischen dem Festland und den Halligen Oland und Langeneß verkehren, wurden bis in die 60er Jahre noch durch Segel angetrieben. Die Fahrt von den Halligen zum Festland wurde meistens von günstigem Wind unterstützt, in umgekehrter Richtung, bei Gegenwind oder Flaute, musste das Gefährt geschoben werden. Das Kreuzen gegen den Wind im Zickzack wie bei einem Segelboot war mit einem Schienenfahrzeug nicht möglich. Heute sind die Loren mit Benzinmotoren ausgerüstet. Dennoch sind die Fahrten auf den häufig offenen Loren bei Wind und Wetter kein reines Vergnügen.

Lange wurden die Loren nur mit Segel betrieben.

Die Halligpostschiffer

Die Deutsche Post beauftragt Spediteure, um Postsendungen zu den Halligen Oland, Langeneß, Gröde und Habel zu befördern. Einer von ihnen war Hans Friedrich (Fiede) Nissen (72). Er lebt mit seiner Familie auf Hallig Langeneß. Bis vor kurzem betrieb er noch eine kleine Landwirtschaft und vermietete mehrere Ferienwohnungen. Darum kümmert sich jetzt sein Sohn. Auf seiner Hallig fühlt sich Fiede wohl, hatte nie den Gedanken von ihr wegzuziehen. Denn er lebt schon seit seiner Geburt hier und kennt Land, Leute und das Wattenmeer wie kaum ein anderer. Plattdeutsch gehört zu ihm wie sein Rauschebart und seine Käpitänsmütze.

37 Jahre hat er als Halligpostschiffer dafür gesorgt, das die Bewohner der Halligen Oland, Langeneß, Gröde und Habel regelmäßig ihre Post und die Zeitung erhielten und beförderte abgehende Sendungen nach Dagebüll oder Schlüttsiel. Er besaß lange einen eigenen kleinen Kutter, ohne den er seinen Postdienst nicht hätte ausführen können. Das Boot war eine große Investition und sicherte die Existenz seiner Familie. Motorschäden, Abdrift oder gar Verlust bei Sturmflut waren stets in seinen Gedanken und machten ihm Sorgen. Deshalb schaute er regelmäßig nach seinem Boot.

Mit Entsetzen sah er 1981, wie sein *Störtebekker* durch einen Sturm vom Langenesser Anleger losgerissen und aufs offene Meer Richtung Festland getrieben wurde. Es landete auf dem Vorland bei Ockholm. Fiede rief seinen dort wohnenden Bruder an und bat ihn, nach dem Boot zu sehen. Zum Glück war es unbeschädigt, und sein Bruder konnte es nach Abflauen des Sturms nach Langeneß zurückführen. Fiede war unendlich erleichtert, dass sein Boot ohne große Blessuren davongekommen war. Seine Existenz hätte auf dem Spiel gestanden, wenn es stark beschädigt oder gesunken wäre.

Fiede Nissen mit seinem schwimmenden Gefährten, dem
Störtebekker **© Simone Mommsen/sh:z**

Ein weiteres unverzichtbares Fahrzeug war und ist bis heute die selbstgebaute offene Motorlore, mit der er täglich, außer sonntags, die Post von Dagebüll abholte. Bei Sturm und Regenschauer, aber vor allem an frostigen Wintertagen waren diese Touren alles andere als romantisch. Auch wenn Fiede sich mit mehreren Pullovern und dicken Handschuhen zu schützen versuchte, die eisige Kälte kroch trotzdem überall hin und ließ ihn frieren. Lagen Eisschollen auf den Schienen, musste er immer wieder die Lore anhalten, absteigen und den Weg freimachen. Dann konnten solche winterlichen Schienenfahrten hin- und zurück schon mal bis zu vier Stunden dauern. Egal zu welcher Jahreszeit und unter welchen Wetterbedingungen: Die Deutsche Post erwartet von einem Halligpostschiffer die tägliche Beförderung ihrer Güter, solange "Leib und Leben nicht gefährdet sind" – wie ein Passus im Arbeitsvertrag lautet.

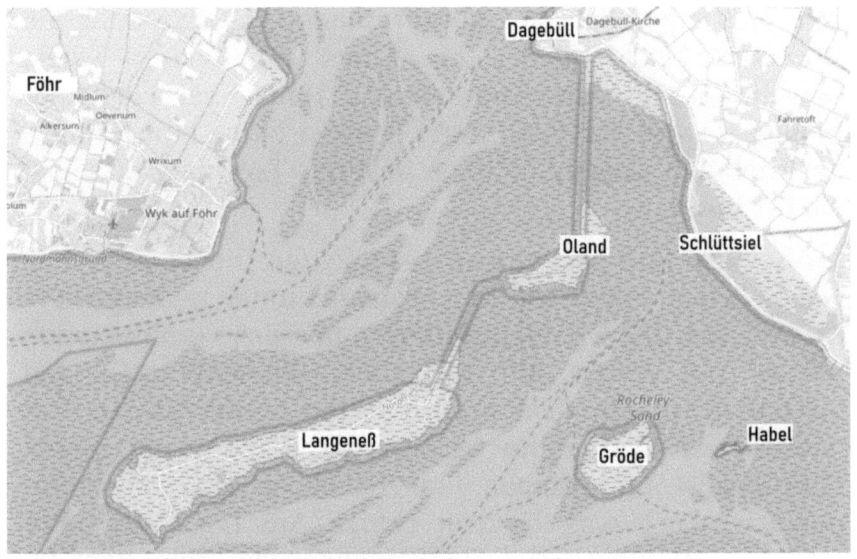

Seit 1928 verbindet ein Bahn- bzw. Lorendamm die Halligen Oland und Langeneß mit dem Festland.

Fiede hätte sich eine Festanstellung bei der Post gewünscht, doch die gewährte ihm lediglich einen

83

Werkvertrag, in dem der Zeitaufwand des Spediteurs und Ausfälle bei Krankheit oder technischen Schäden keine Berücksichtigung finden. Fiedes Auftrag war es seit 1977, die Postsendungen regelmäßig zu den Halligen und von dort abgehende Sendungen nach Dagebüll zu befördern. Auf den Halligen wurden sie von angestellten Postzustellern in Empfang genommen und von ihnen an die Haushalte verteilt. Nur auf Hallig Habel hat Fiede die Post im Sommer zweimal in der Woche dem einzigen Bewohner persönlich zugestellt.

Früher hatte jeder der 64 Haushalte auf Langeneß eine Zeitung, entweder das *Nordfriesland Tageblatt* oder die *Husumer Nachrichten*. Inzwischen abonnieren viele Bewohner eine Digitalausgabe. Zu Hause bei Fiede auf Neuwarft werden beide Blätter gelesen. Seine Frau, die aus der Niebüller Gegend stammt, liest das Tageblatt, er selbst die Husumer.

Als Fiede im Spätsommer 2014 seinen Dienst beendete, wurde er auf seiner letzten Lorenfahrt unter regnerischem Himmel von allen Halligbewohnern herzlich verabschiedet. Als er mit seiner mit Girlanden, Sonnenblumen und Luftballons geschmückten Lore an der ersten Station Halt machte, erwarteten ihn bereits alle Oländer mit einem Chorkonzert und sangen ihm zu Ehren ein selbstkomponiertes Lied, was ihn sehr rührte. Am Tag zuvor hatte Fiede auf Hallig Gröde alle Bewohner auf sein Boot zu einem Bier eingeladen. Das war seine Art, für eine lange, gute und gemeinsame Zeit ihnen allen "danke" zu sagen.

Als Fiede nicht mehr für die Post arbeitete, verkaufte er seinen Kutter, den *Störtebekker*. Ihn, mit dem er so viele Jahre gefahren war und manche Gefahren umschifft hatte, wegzugeben, fiel ihm schwer. Aber gleichzeitig wich nach dessen Verkauf eine große Sorgenlast von seinen Schultern. Nun nicht mehr Tag für Tag den langen, anstrengenden Dienst versehen und auf das Boot aufpassen zu müssen, war eine Erleichterung. Auch das häufige Tragen der Urlauberkoffer, die bis zu 31,5 kg schwer sein durften, machte ihm wegen seiner lädierten Bandscheiben schon länger Probleme.

Jetzt weiß er seinen Kutter bei einem Hamburger Eigner in guten Händen. Fiede gefällt es, wie dieser das Boot umgestaltet und mit Edelhölzern ausgebaut hat; nun erstrahlt es in ganzer Schönheit. In Gedanken ist Fiede immer noch bei seinem einstigen schwimmenden Gefährten. Bei Sturmwarnung sorgt er sich nach wie vor um ihn.

Fiedes letzte Fahrt auf dem Lorendamm als Halligpostschiffer. "Dat geit so'n beten an't Hart", gesteht er an dem Tag und weiß bereits, dass ihm der Schnack mit den Leuten fehlen wird.

Vor kurzem erlitt Fiede einen Schlaganfall. Er hat ihn einigermaßen ohne allzu schwere gesundheitliche Folgen überstanden und blickt hoffnungsvoll in die Zukunft. Fiede freut sich, bald wieder Theater zu spielen, fischen zu gehen und träumt von kleinen Segeltouren.

Fiedes offene Motorlore, auf die er Postboxen und Pakete geladen hat. Bei Sturm, Regen und eisiger Kälte war die Fahrt ziemlich ungemütlich.

Der Nachfolger

Im Oktober 2014 übernahm ein neuer Spediteur den Transport der Postsendungen vom Festland zu den Halligen. Er ist gebürtiger Olander und ebenso wie Fiede Nissen mit den hiesigen Wetterverhältnissen von Kind an vertraut. Jeden Morgen erkundigt er sich beim Wetterdienst und beim Landesbetrieb für Küstenschutz, Nationalpark und Meeresschutz Schleswig-Holstein nach den Vorhersagen und dem Stand der Dinge. Das aktuelle Wetter und Prognosen haben maßgeblichen Einfluss darauf, ob, wann und wie er seine Arbeit beginnt. Sein Auftraggeber, die Deutsche Post, erwartet von ihm die Beförderung der Halligpost an allen Werktagen der Woche, sofern es die Umstände erlauben. Bei einigermaßen normalen Bedingungen macht sich der Halligschiffer dann auf die Fahrt durchs Wattenmeer, nachdem er zuvor Briefe, Zeitungen, Pakete und Reisekoffer von Bredstedt abgeholt hat.

Die Natur gibt ihm vor, welche Wege er jeweils nehmen kann. Herrscht vormittags Ebbe oder heftiger Sturm, wählt er die Lore und fährt mit ihr auf dem Damm von Dagebüll nach Oland und Langeneß und anschließend wieder zurück. Erst bei Flut kann er sein kleines Schiff von Oland aus einsetzen und mit ihm die Halligen Gröde und Habel ansteuern. Bei Windstärken über sechs fährt er diese Halligen jedoch nicht an, da die Tour zu gefährlich wäre.

Der Halligpostschiffer arbeitet wie schon sein Vorgänger als selbständiger Spediteur mit den Risiken, die ein Unternehmer nun mal zu tragen hat, etwa Ausfälle durch technische Probleme oder Krankheit. Seine Arbeitszeiten sind je nach Gegebenheiten unterschiedlich. Oft ist er mit seinem Schiff noch abends unterwegs.

Loren-"Bahnhof" auf Hallig Langeneß

Die Halligbewohner sind auf seinen Dienst angewiesen. Um ihn gewährleisten zu können, müssen seine Lore und sein Schiff funktionieren und das Wetter mitspielen. Ab und zu tauchen an seinen Fahrzeugen technische Probleme auf, die er aber meistens selber beheben kann.

Der vom Festland durch das Wattenmeer führende Schienendamm gewährleistet schon seit fast hundert Jahren die Versorgung der Halligen und muss regelmäßig in Stand gehalten werden.

Die ZustellerInnen und LeserInnen
auf den Halligen

Auf Langeneß, der größten der insgesamt zehn Halligen, ist Liv Schladenhaufen seit 16 Jahren Postzustellerin. Auf der Hallig leben etwa hundert Einwohner auf siebzehn Warften mit insgesamt 58 Haushalten. Zusammen mit Oland und seinen rund zwanzig Bewohnern bildet Langeneß eine selbständige Gemeinde.

Liv Schladenhaufen ist seit 2006 Postzustellerin auf Langeneß

Der jetzige Halligpostschiffer Johann Petersen – mit seiner Lore von Dagebüll kommend – bringt Liv Briefe, Zeitungen und Pakete. Zu welcher Tageszeit er die Sendungen anliefert hängt vom Wetter und von der Tide ab. Per Handy teilt er der Zustellerin sein Eintreffen mit. In der Regel schafft er es, an allen sechs Werktagen in der Woche die Post nach Oland, Langeneß und Gröde zu befördern. Bei Sturmflut und Landunter bleibt sie auf den Halligen oft einen Tag aus.

Im Lauf ihrer Dienstjahre kam es nur selten vor, dass Liv wegen Landunter die Post erst am dritten Tag zustellen konnte. Bei nicht so hohen Wasserständen und wenn der Wind aus günstiger Richtung kommt, zieht sich das Wasser bereits nach wenigen Stunden zurück. Dann kann Liv die Post im höher gelegenen Teil der Hallig noch am selben Tag zustellen. Die niedriger Wohnenden müssen sich aber meistens bis zum nächsten Tag gedulden, weil ihre Warften noch vom Wasser umgeben sind.

Die Halligbewohner sind wetterbedingte Verzögerungen gewohnt und lesen ihre Zeitung eben einen Tag später. In mehreren Haushalten wird nach wie vor die Printausgabe der *Husumer* gelesen, aber auch das *Nordfriesland Tageblatt* ist hier im Papierformat vertreten. In den letzten Jahren sind auf den Halligen die Abonnementzahlen im Printbereich rückläufig, dagegen steigen sie bei den Digitalausgaben.

Liv betreut auf Langeneß eine kleine Poststelle, einen "Zustellstützpunkt", mit eigenem Poststempel, aber ohne Postschalter. Um den Bewohnern lange Wege zu ersparen, gibt es auf der Hallig vier Postbriefkästen. Ihre Post-sendungen können die Halligbewohner auch direkt bei Liv aufgeben. Sie macht ihr Tour mit einem Kleintransporter, der über eine entsprechende Ladefläche verfügt. Nur an wenigen Häusern befinden sich private Briefkästen. Liv deponiert die Sendungen überwiegend an vereinbarten Stellen. Oft muss sie nur kurz Haustüren öffnen und mit langgestrecktem Arm die Post auf Treppe, Waschmaschine oder Stuhl ablegen. Coronabedingt haben viele ihrer Kunden auch ehemalige Stallgebäude und Gartenlauben als Ablageort vorgesehen.

Hallig Gröde

Die Zustellung der Zeitung auf den Halligen ist jeden Tag aufs Neue eine logistische Herausforderung, denn sie ist nicht nur abhängig von Tide und Wetter, sondern auch von intakten Loren und Booten. Mitten in der Nacht werden die frisch gedruckten Exemplare von der Großdruckerei in Büdelsdorf mit Transportern abholt, zur Verteilstation nach Langenhorn und von dort nach Dagebüll gebracht. Hier holt sie der Halligpostschiffer mit eigener Lore ab und macht sich, zusätzlich beladen mit Briefen und Paketen auf den Weg – auf dem nach Oland und Langeneß führenden Schienendamm mitten durchs Wattenmeer. Im Frühjahr und im Sommer bei schönem Wetter eine grandiose Fahrt durch eine atemberaubende Naturlandschaft. Der laute, stinkende Benzinmotor, der das Gefährt antreibt, stört allerdings die Idylle.

Der von Dagebüll nach Oland führende Lorendamm ist auf Pfählen gegründet und seeseitig mit einer Steinbarriere gesichert. Die Schienenstrecke ist eingleisig und hat vier

Ausweichstellen. Kommen sich zwei Fahrzeuge entgegen, darf die Lore weiterfahren, die der Ausweiche am nächsten liegt. Es gibt keine Signale, jeder fährt auf Sicht und hält weitblickend Ausschau nach Gegenverkehr, um das Zurücksetzen möglichst zu vermeiden. Auf Oland und Langeneß gibt es etwa sechzig private Loren Marke Eigenbau. Für Halligbewohner sind diese Fahrzeuge lebensnotwendig, da sie ihrer Versorgung dienen. Außer den Küstenschutzmitarbeitern und Postschiffern dürfen nur sie den Damm mit ihren Loren befahren.

Wenn alles gutgeht, keine Ausweichmanöver bei Gegenverkehr erforderlich sind und die Technik funktioniert, erreicht der selbständige Spediteur sein erstes Ziel, Hallig Oland, nach etwa einer Stunde. Hier übernehmen die bereits wartende Postzustellerin und Anwohner die Sendungen und geben ihre Versandstücke dem Spediteur zur weiteren Beförderung mit. Auf der zweiten Station, Hallig Langeneß, wiederholt sich dieser eingespielte Ablauf. Der Spediteur parkt anschließend seine Lore auf dem örtlichen "Bahnhof" und verstaut die übrigen Postsachen auf sein an der Hallig vertäutes Boot, mit dem er Gröde und danach die nur in den Sommermonaten von einem Naturschutzwart bewohnte Hallig Habel ansteuert.

Auf Gröde leben aktuell zehn Einwohner, die entweder den Kolks oder den Mommsens angehören. Neben diesen Familien gibt es noch einen Neubürger, der vom Bayerischen Wald auf die Hallig gezogen ist. Er kaufte 2019 das mit über 260 Jahren älteste Haus und lebt seither darin. Ihr Einkommen bestreiten die Familien aus Einkünften von ihrer Auftragsarbeit im Küstenschutz, der Landwirtschaft und der Vermietung von Ferienwohnungen.

Die benachbarte Hallig Habel mit einem einzigen Haus wird nur im Sommer bewohnt und ebenfalls vom Postschiffer beliefert.

In nahezu jedem Hallighaushalt wird Zeitung gelesen, vornehmlich die Digitalausgabe entweder vom "Nordfriesland Tageblatt" oder der "Husumer". Beide sind Schwesternblätter und erscheinen im Flensburger shz-Verlag. Sie haben überwiegend identische Inhalte, lediglich die Lokalseiten sind unterschiedlich. Der Fokus der Berichterstattung im "Tageblatt" liegt auf dem nördlichen Kreisgebiet, der der "Husumer" dagegen auf dem südlichen. Je nach Herkunft, familiärem Bezug und Interesse der Abonnenten halten sie entweder die eine oder die andere

Zeitung. Manche Familien haben sogar beide Ausgaben abonniert.

Die letzte Printzeitung auf Gröde

Auf Gröde ist Frieda Mommsen – mit 87 Jahren älteste Halligbewohnerin – die einzige Abonnentin, die sich noch eine Papierausgabe hält. "Ihre" Zeitung ist seit über sechzig Jahren das *Tageblatt*.

Frieda Mommsen lebt seit 1964 auf Gröde.

Bereits in ihrer Jugend auf Oland, wo sie geboren wurde, las sie gern die Zeitung, die ihre Eltern abonniert hatten. Sie erinnert sich nicht mehr, welche von beiden es damals gewesen ist. Als junges Mädchen ist sie aufs Festland in Stellung gegangen. Sie wollte gern Verkäuferin werden, konnte aber in den Nachkriegsjahren keinen Ausbildungsplatz finden und wurde Hausgehilfin in der Familie eines Flensburger Rechtsanwaltes. Danach wechselte sie in den Kantinenbereich des Niebüller Krankenhauses, in dem sie auch ihren späteren Ehemann kennen- und lieben lernte. Von ihm kam auch der Vorschlag, auf eine Hallig zu ziehen. Auf Oland gab es keine Möglichkeit, aber auf der benachbarten Hallig Gröde.

Dort bot sich die Gelegenheit, ein Haus auf Leibrente zu erwerben, und so wurde das Eiland für das Ehepaar und seine drei in Niebüll geborenen Kinder 1964 zur neuen Heimat. Ihr Mann und die Kinder mussten sich zunächst an das einfache, zivilisationsferne Leben ohne Wasser- und Stromanschluss gewöhnen. Erst 1976 wurden entsprechende Leitungen vom Festland zur Hallig verlegt. Das Ehepaar bekam auf Gröde noch ein weiteres Kind, eine zweite Tochter. Heute leben noch zwei Söhne mit ihren Familien auf der Hallig; Friedas Mann ist inzwischen verstorben.

Schon während ihrer Niebüller Jahre hatte das Ehepaar das *Tageblatt* bezogen und behielt das Abonnement auch auf Gröde bei. Für Frieda gehört die tägliche Lektüre der Zeitung auf dem Küchentisch bei einer Tasse Tee oder einem Glas Wasser zu den schönen Momenten ihres Alltags. Es ist allerdings ziemlich ungewiss, wann sie das Blatt bekommt. Meistens nachmittags oder abends, je nach Tide. Die Zustellung von Post und Zeitung auf Gröde liegt in den

Händen ihrer Schwiegertochter, die eigens für diese Aufgabe beauftragt worden ist. Frieda erhält die Zeitung manchmal tagelang gar nicht und dann gleich mehrere Ausgaben auf einmal. Das findet sie zwar schade, aber sie weiß, dass die Lieferung zur Hallig schwierig ist und bleiben wird und hat sich damit abgefunden.

Sie erinnert sich noch an den strengen, langen Eiswinter 1962/63, als ein Verwandter mit seinem Volkswagen ihre Mutter über das vereiste Watt von Oland abholte und sie nach Niebüll fuhr. Frieda stand kurz vor der Geburt ihres zweiten Sohnes und hatte ihre Mutter um Beistand gebeten.

Das Foto dokumentiert die oben beschriebene Autofahrt von Oland nach Schlüttsiel im Februar 1963. Im Hintergrund Hallig Oland.

Auch die Schneekatastrophe zur Jahreswende 1978/79 ist Frieda noch gegenwärtig, als Hubschrauber die

Halligbewohner mit Lebensmitteln, Medikamenten, Post und Zeitung versorgten. Sie selbst ist früher auf gefrorenem Wattboden einige Male nach Schlüttsiel zum Festland gelaufen, um dort lebenswichtige Dinge einzukaufen.

Mehrmals im Jahr bezieht Frieda eine kleine Wohnung, die sie in Niebüll besitzt, wo auch zwei ihrer Töchter leben. Ihre Zeitung lässt sie sich nach dort schicken und freut sich über die zuverlässige morgendliche Zustellung gegen fünf Uhr, so dass sie sie bereits früh am Tag lesen kann. Sie liest gern von lokalen Ereignissen und schaut nach Todesanzeigen. Oft betreffen sie Orte und erwähnen Personen, die sie kennt. Solche Meldungen berühen sie besonders und sind für sie wichtig. In der Zeitung erfährt sie von Dingen aus ihrer nächsten Umgebung, von denen im Radio und im Fernsehen kaum berichtet wird.

Friedas Schwiegertochter Monika, die ebenfalls mit ihrer Familie auf Gröde lebt, ist seit 1987 Postzustellerin für die Hallig. Sie nimmt alle Sendungen, darunter auch die Zeitung für ihre Schwiegermutter, vom Postschiffer entgegen und bringt sie zu den jeweiligen Adressen. Ihre Wege sind kurz, denn die wenigen Häuser liegen alle dicht gedrängt auf der Knudtswarft. Auf der zweiten Warft, der Kirchwarft, steht einsam noch ein Haus, das aber unbewohnt ist.

Über Briefkästen verfügen die Gröder nicht. Die Zustellerin betritt die stets unverschlossenen Häuser und legt die Post an den gewünschten Plätzen ab – das war hier schon immer so. Es gibt auf der Hallig zwar einen gelben Postbriefkasten, den nutzen vor allem Feriengäste und Tagesausflügler. Halligbewohner, die Briefe oder Pakete aufgeben wollen, gehen einfach zu Monika Mommsen und übergeben sie ihr direkt, denn die Zustellerin ist auch für deren Annahme und Weiterleitung zuständig. Sie erhebt das Porto und verfügt auch über eine kleines Briefmarken-kontingent. Früher hieß ihr Dienst "Posthilfsstelle", heute hat ihr Posten die offizielle Bezeichnung "Zustellstütz-punkt". Monika Mommsen ist nicht bei der Post angestellt, sondern versieht ihre Aufgabe im Rahmen eines Werk-vertrages. Die Einkünfte daraus sind bescheiden. Ein Kiosk, den sie seit über vierzig Jahren auf Gröde betreibt, verhilft ihr zu zusätzlichen Einnahmen und erlaubt Urlaubern und Tagesgästen, selbst gebackene Kekse, Ansichtskarten, Eis, Getränke und andere kleine Dinge einzukaufen. Denn einen Laden oder ein Lokal sucht man hier vergeblich.

Hallig Hooge

Die Bewohner der Halligen im Nordfriesischen Wattenmeer gehören zu den treuesten Lesern der *Husumer*. Hallig Hooge, die zweitgrößte von insgesamt zehn Halligen, wird zwischen April bis Oktober täglich morgens von einer Fähre angesteuert, die u. a. Feriengäste, Waren des täglichen Bedarfs und die Post bringt. In der Regel erhalten die Hooger ihre Zeitung gegen Mittag. Im Winter kommt die Fähre allerdings nur an vier Werktagen, so dass die Zeitung zweimal erst mit eintägiger Verspätung zugestellt wird. Bei widrigen Wetterverhältnissen kann sie auch mehrere Tage oder ein ganze Woche ausbleiben. Viele langjährige Bezieher der Papierausgabe haben sich deshalb für ein Digital-Abo entschieden. Am Computerbildschirm können sie die Zeitung bereits am Vorabend ihres Erscheinens lesen. Digital ist sie aktueller, regelmäßig verfügbar, und das Abonnement ist obendrein auch noch günstiger, denn die lange Lieferkette für die Printausgabe ist teuer. Vor rund zehn Jahren abonnierten sie noch 25 Haushalte auf Hooge, heute sind es nur noch drei.

Blick zur Kirchwarft auf Hallig Hooge

Die Bürgermeisterin

Katja Just, seit 2018 Bürgermeisterin von Hallig Hooge und erfolgreiche Autorin (*Barfuß auf dem Sommerdeich* und *Frische Brise auf dem Sommerdeich*), hält an der papiernen *Husumer*, die sie seit langem bezieht, weiterhin fest. Die digitale Version kommt für sie nicht in Frage. Die Zeitung muss für sie fühlbar sein, und beim Umblättern will sie das typische Rascheln hören. Sinnliches, das das elektronische Medium ihr nicht zu vermitteln vermag.

Katja Just, Buchautorin und Bürgermeisterin von Hallig Hooge
Eden Books © patrickfranck

Sie sieht die weit fortgeschrittene Digitalisierung unserer Welt eher kritisch und möchte nicht alles mitmachen, was geboten erscheint oder im Trend liegt. Durch sie gehe auf zwischenmenschlicher Ebene viel verloren. Etwa Gespräche, die sich auf einer Bahn- oder Schifffahrt zwischen Buchlesern und anderen Mitreisenden ganz zwanglos ergeben und zu angenehmem Austausch und Kennenlernen führen können. Wer auf einem Computertablet liest, wird kaum damit rechnen können, auf ein Buch angesprochen zu werden, das für andere gar nicht sichtbar ist. Bildschirmleser isolieren sich.

Gerade das Leben auf der Hallig sei geprägt von einer gewissen Langsamkeit und Beschaulichkeit und biete in manchem einen Gegenentwurf zur digitalen Welt.

Katja Just empfindet, dass die *Husumer* in letzter Zeit an handwerklicher journalistischer Qualität eingebüßt hat. Manche Überschriften seien so plakativ, dass ihr manchmal die Lust vergeht, den nachfolgenden Artikel zu lesen. Sie vermutet, dass der Medienkonzern, dem die Zeitung seit einigen Jahren angehört, entsprechende Vorgaben macht, um die Auflage zu steigern.

Das Leben der etwa hundert Halligbewohner, die sich auf rund fünfzig Haushalte verteilen, findet nach Einschätzung der Hooger Bürgermeisterin ausreichenden Niederschlag in der lokalen Berichterstattung der *Husumer Nachrichten*. Einfühlungsvermögen und Sensibilität mancher ArtikelverfasserInnen ließen gelegentlich aber zu wünschen übrig. Sie freut sich dagegen, wenn sie Berichte und Meldungen in der Zeitung liest, die gut recherchiert sind und die Hooger Lebensverhältnisse, Probleme und vor allem Herausforderungen richtig darstellen.

Wie lange noch ...

... werden sich die kleinen Heimatzeitungen auf dem umkämpften Zeitungsmarkt behaupten können? Die *Husumer Nachrichten* und die anderen Kopfblätter des Flensburger Zeitungsverlages haben in den letzten Jahren erheblich an Auflage eingebüßt. Selbst das *Flensburger Tageblatt* hat in den letzten beiden Jahrzehnten fast die Hälfte ihrer Abonnenten verloren. Diese Verluste gehen einher mit steigenden Produktions- und Vertriebskosten sowie sinkenden Anzeigeneinnahmen.

Die Zeitungsverlage begegnen dieser allgemeinen Entwicklung, indem sie versuchen, Abonnenten der Printausgaben und Nichtleser für ihre Digitalausgaben zu gewinnen, Redaktionen zu verjüngen, zu verschlanken und den Vertrieb zu optimieren. Da die Heimatzeitungen überwiegend von der älteren Generation abonniert werden, bemühen sich die Verlage vor allem um junge Leser, indem sie die Inhalte der Zeitungen entsprechend gestalten. Das wiederum gefällt vielleicht nicht den älteren, traditionsbewussten Beziehern. Es ist nicht nur für die Verleger von Heimatzeitungen sehr schwierig geworden, im Wettbewerb mit dem Internet und seinen zahlreichen Informations- und Unterhaltungsangeboten zu bestehen.

Als in der 50er Jahren das Fernsehen aufkam, wurde das baldige Ende der Kinos vorausgesagt. Und als elektronische Bücher auf dem Markt erschienen, fürchteten Leser und

Verlage um die Zukunft des gedruckten Buches. Es zeigte sich jedoch, dass weder die eine noch die andere Form verschwanden. Die Filmproduzenten, Kinobetreiber und Buchverlage passten sich den veränderten Bedingungen an und gewannen mit neuen Konzepten Zuschauer und Leser. Jetzt sind die Zeitungsverlage gefordert, um in der vollkommen veränderten Medienlandschaft weiterhin bestehen zu können.

Wie der Zeitungsmarkt sich entwickeln wird, kann niemand vorhersagen. In dünn besiedelten Landstrichen ist die Zustellung der Papierzeitungen oft nicht mehr kostendeckend und kann nur durch Querfinanzierung aufrechterhalten werden. Es ist fraglich, wie lange es für die Verlage wirtschaftlich tragbar ist, ihre Papierzeitungen zu einheitlichen Gebühren noch bis in den letzten Winkel zuzustellen. Aber gerade die abgelegen wohnenden Abonnenten sind oftmals langjährige, treue Leser, die die Verlage nicht verlieren möchten. Deshalb werben sie nachdrücklich für einen Wechsel von der Print- zur Digital-Ausgabe.

Auf den Halligen übernimmt die Deutsche Post die Belieferung der Bewohner mit Zeitungen. Sie erfüllt einen gesetzlichen Versorgungsauftrag, der das Bergdorf in den Alpen und die kleinste, bewohnte Hallig umfasst. Ihre werktägliche Zeitungszustellung entlastet die Logistikunternehmen der Verlage personell und finanziell. Allerdings experimentiert die Post seit einiger Zeit mit neuen Formen der Zustellung, die sie offenbar grundlegend verändern möchte, auch durch den Einsatz von Drohnen. Die Zustellung von Postsendungen, die bislang täglich erfolgt, wird sich in Zukunft möglicherweise auf nur wenige

Wochentage beschränken. Das hätte für die Bezieher der Papierausgaben der *Husumer* auf den Halligen einschneidende Folgen.

Aber solange sie ihnen auf den Eilanden im Wattenmeer noch zugestellt werden, können sie die stillen Momente des Lesens bei einer Tasse Kaffee oder Tee genießen. Wenn sie die Seiten aufschlagen, vernehmen sie es – das Rascheln des Papiers, ein vertrautes Geräusch, das für viele Zeitungsleser einfach dazugehört.

Dank

Den Lesern, Zustellern und Spediteuren, die mir von ihren Lesegewohnheiten oder ihrer Arbeit erzählt und erlaubt haben, ihre Geschichten zu veröffentlichen, danke ich von Herzen. Ohne ihre Beiträge und das mir von ihnen entgegengebrachte Vertrauen hätte das Buch nicht entstehen können.

Ich bedanke mich auch besonders bei meiner Frau, die das Manuskript durchgesehen, Fehler korrigiert und mir wertvolle Anregungen gegeben hat, sowie bei all denen, die meine Arbeit unterstützt und mir Informationen, Texte oder Bilder zur Verfügung gestellt haben: Prof. Dr. Thomas Steensen; Werner Junge; Hans-Walter Henningsen; Sara Toschke, Leiterin des Kreisarchivs Nordfriesland; Marion Nielsen, Verlag Eden Books; Celina Gebauer, Zustellgesellschaft Schleswig-Holstein; Stefan Laetsch, Pressesprecher Deutsche Post DHL Group, Hamburg.

Günter Spurgat

Bildnachweis

Hans Hoffmann/Kreisarchiv Nordfriesland: Seite 78, 79,
     94 sowie die Abbildung auf der Coverrückseite
Walther Nehm/Kreisarchiv Nordfriesland: 19, 22, 26, 30,
     und 80
Nachlass Hans Jürgen Sievers/Kreisarchiv Nordfriesland:
     Seite 15
Kreisarchiv Nordfriesland: 21, 27 und 28
Schleswig-Holsteinische Landesbibliothek: Seite 16
Arkivet ved Dansk Centralbibliotek for Sydslesvig: 20
Norddeutscher Rundfunk (NDR): 85 und 90
www.halligen.de: 77
www.openseamap.org: 83
www.onmaps.de: 40
sh:z Verlag: 36 (2) und 38
Zustellgesellschaft Schleswig-Holstein: 37
Bundesanstalt für Wasserbau: 97
Rolf Roletschek/www.wikipedia.org: 89
Michael Gäbler/www.wikimedia.org: 100
Zweites Deutsches Fernsehen (ZDF): 87
www.wordpress.com: 88
www.wikimedia.org: 17
www.wikipedia.org: 59
privat: 45, 58, 86 und 95
alle übrigen Abbildungen: © Günter Spurgat

Benutzte Literatur (Auswahl):

Steensen, Thomas: Nordfriesland - von einst bis jetzt. Husum 2022; darin: "In Stadt und Land das Heimatblatt", S. 204 ff.;
ders.: Zeitungsgeschichte Schleswig-Holsteins, in: www.geschichte-s-h.de

Bauer Verlag: Friesisches Fiasko, Artikel in der Wochenzeitung DIE ZEIT, Ausgabe vom 18. August 1972

Presse- Einbruch im Erbhof , Artikel in DER SPIEGEL 9/1972

Röper, Horst: *Zeitungsmarkt 2018. Pressekonzentration steigt rasant.* In: Media Perspektiven 5/2018, S. 216 f.

Schleswig-Holsteinischer Landtag, Drucksache 19/2650 vom 14. 12. 2020: Bericht der Landesregierung zur Situation der Medienlandschaft in Schleswig-Holstein

Standortanalyse der Zustellung für Tageszeitungen in Deutschland. SCHICKLER Unternehmensberatung im Auftrag des Bundesverbands Digitalpublisher und Zeitungsverleger e.V., Hamburg 2020

Weitere Bücher des Autors, die bei Books on Demand
erschienen sind:

Paperback / 208 Seiten / zahlreiche s-w und farbige
Abbildungen / 16,80 €

Ein reich bebilderter Rückblick auf das Leben im Husumer Hafenviertel in den 1950er Jahren:

Paperback /100 Seiten / 10,80 €

Paperback / 124 Seiten / 10,80 €

Die Bücher sind portofrei über www.bod.de/buchshop
sowie überall im Buchhandel erhältlich.